U0927017

中国人的管理哲学

刘　洋◎编著

中国财富出版社

图书在版编目(CIP)数据

中国人的管理哲学 / 刘洋编著. —北京：中国财富出版社，2015.9

ISBN 978-7-5047-5833-0

Ⅰ. ①中… Ⅱ. ①刘… Ⅲ. ①管理学—哲学—研究 Ⅳ. ①C93-02

中国版本图书馆 CIP 数据核字（2015）第 182446 号

策划编辑 宋 宇 **责任编辑** 王 波 赵笑梅
责任印制 方朋远 **责任校对** 饶莉莉 **责任发行** 敬 东

出版发行 中国财富出版社
社 址 北京市丰台区南四环西路 188 号 5 区 20 楼 **邮政编码** 100070
电 话 010-52227568（发行部） 010-52227588 转 307（总编室）
010-68589540（读者服务部） 010-52227588 转 305（质检部）
网 址 http://www.cfpress.com.cn
经 销 新华书店
印 刷 北京京都六环印刷厂
书 号 ISBN 978-7-5047-5833-0/C・0195
开 本 710mm×1000mm 1/16 **版 次** 2015 年 9 月第 1 版
印 张 15.25 **印 次** 2015 年 9 月第 1 次印刷
字 数 212 千字 **定 价** 36.00 元

前言

随着社会的进步，经济的发展，为了完成某种工作而形成的组织结构越来越复杂，管理学逐渐成为人们必须了解的学科。不懂得管理学，就无法在信息化的市场经济体系中立足，更遑论在市场竞争中脱颖而出、名列前茅了。

于是，彼得·德鲁克、杰克·韦尔奇这样的管理大师名声显赫，他们的著作也风靡于世。但是很多管理者却发现，这些“管理大师”的指导，有时并不能解决他们在管理工作中的困惑，起到了反作用。究其原因，在于管理的对象是“人”，而“人”必然受到“文化”的影响。用西方文化熏陶出的管理经验，去管理中国文化背景中的人，有时难免会出现“驴唇不对马嘴”的问题。

因此，中国的管理者们才回过头来，在传统文化中发掘经验，并惊喜地发现有无数真知灼见隐藏于“故纸堆”中。

中国是一个文化早熟的国家。早在春秋战国时期，就形成了“百家争鸣”的局面，出现了所谓“九流十家”：以孔子、孟子为代表的儒家，以韩非子为代表的法家，以孙武为代表的兵家和以老子、庄子为代表的道家，在他们的哲学思想中，都有着极为丰富的辩证思维和管理之道。先秦以降的历代政治家和哲学家，在他们的著作中也总结出了丰富的治国之道。例如唐代史学家吴兢的《贞观政要》，名臣魏徵的《群书治要》、宋代范祖禹的《帝学》、明代张居正的《帝鉴》以及历代的家训、奏疏中，都包含着极其丰富的管理智慧，等待我们进一步发掘和弘扬。

从管理实践的角度来讲，中国人也有着出色的管理业绩。明清以来，徽商、晋商等商帮的活跃，同仁堂、全聚德等老字号的传承，都有其能够长盛不衰的秘诀，需要我们认真探讨和总结。近现代以来，刘鸿生、荣德生、王永庆、李嘉诚等工商巨子，也将传统文化与经营管理活动结合起来，总结出各种新的经营理念和管理模式，并以此在与西方企业的角逐中站稳脚跟，取得一席之地。改革开放以后，更有海尔、联想、华为、阿里巴巴等高科技企业，在张瑞敏、柳传志、任正非、马云这些统合了中西方管理智慧的领导者的带领下，力压西方企业，成为中国管理者的骄傲。

抛开这些不谈，作为一个面积近千万平方千米，人口十数亿的超级大国，在数千年的历史长河中基本维持了中央集权的制度，实现了政府对整个国家的有效管理，就足以见识中国人在管理学上的聪明才智。

本书以此为出发点，从中国古代传统文化中汲取丰富的管理文化资源，从上千年社会管理和企业管理实践中提炼成功的经验和失败的教训，力图做到“汇通中西，熔铸古今”，构建适合中国管理者运用的中国人的管理哲学，为中国管理者能在未来的世界竞争中百战不殆提供助力。

目录

第五章 鼓舞士气

第六章 协理调和

第七章 授之以权

1

第一章
修己养德

《礼记·大学》有言："古之欲明明德于天下者，先治其国；欲治其国者，先齐其家；欲齐其家者，先修其身；欲修其身者，先正其心；欲正其心者，先诚其意；欲诚其意者，先致其知，致知在格物。物格而后知至，知至而后意诚，意诚而后心正，心正而后身修，身修而后家齐，家齐而后国治，国治而后天下平。"

"格物致知"是学习知识，"正心诚意"是修养品行。管理者只要修己养德，那么无论齐家治国都可无往而不利，甚至平天下亦可为也。

为政以德，修身为基

为政以德，譬如北辰，居其所而众星共之。

——《论语·为政》

一个成功的管理者要具有超过一般人的影响力，才能更有效地影响或改变被管理者的心理和行为。只有良好的道德品质才能引起他人的认同感，从而赋予他们相应的权力。良好的品质造就优秀的管理者，恶劣的品行则是成功的绊脚石。

孔子提出“为政以德”的概念，强调管理者必须具备高尚的道德品格，认为管理者的道德越高尚，对于被管理者的感应力也就越大。它强调主动引导式的感应力，强调内在控制，而不是被动的、强制式的外在管理，达到“民自归之，非有心欲民之服也”的境界。

“为政以德”的管理思想是建立在“人性善”的假设之上的。西方的管理理论一般而言过于强调管理者如何控制自己的下属，而没有注重管理者本人的道德修养、管理方式、工作态度对下属的示范和激励作用，这与其“人性恶”的基本假设有关。道格拉斯·麦格雷戈提出的“Y理论”是少有的建立在“性善论”基础上的西方管理理论。“Y理论”认为，人并非天生好逸恶劳，若在适当的激励下，人们不仅愿意而且能够主动承担责任，甚至会视工作如娱乐、休息一样自然；如果人们对某项工作做出承诺，他们会进行自我指导和自我控制，以便完成任务；大多数人都具有解决组织问题的丰富想象力和创造力。然而“Y 理论”仍旧局限在管理者对被管理者有意引导的窠臼内，而不像中国人那样更强调管理者以身作则而产生的潜在影响。

《礼记》中说：“自天子以至庶人，皆以修身为本。”古人认为，人都是有向善能力的，能不能真正成为一个“有德”的人，关键就在于能否进行道德修养；而“修身”乃是“治国”“齐家”“平天下”的基础，因此，古人把“德量涵养，躬行践履”视为美德。如果说，在古人看来人们的一切德行都是同他自身的道德修养分不开的，那么，我们也可以说，中华民族的一切传统美德，也是同古人注重“德重涵养，躬行践履”的美德紧密相连的。

有德之人在奉行德义之时是出于良心和义务的需要，是他们的思想和人格修炼到一定境界的自然产物，而不是工于心计，刻意为之。但我们也不得不承认，若从经济和商业的立场来看，讲道德也是一种很有长远眼光的投资，能使你得到更大的回报。

陕西鑫昱置业集团公司董事长刘云常常把“做人要有本分，做事要有良知”这句话挂在嘴上。在工程建筑领域，质量和安全一直是重中之重。刘云从自己做起，要求工程中“不能降低标准，不能偷工减料，不能祸害人”。在鑫昱承建的各类公路、隧道、桥梁工程项目中，刘云始终身先士卒，冲在第一线，把工人的生命安危放在第一位，将工程质量放在第一位，从而让鑫昱置业在竞争激烈的建筑市场中得以立足。

管理者良好的个人品质可加强群体或组织的凝聚力，使管理者和被管理者休戚与共、荣辱相依，从而加快组织目标实现的进程。如果管理者品质低劣，即使大权在握，也不能实施有效管理。良好的个人品质不仅可以使管理者获得下属的支持，即使是竞争对手，也会被感染或震慑。

孔子在比较了不同管理手段的不同效果后指出：“道之以政，齐之以刑，民免而无耻；道之以德，齐之以礼，有耻且格。”也就是说，用法律来引导民众，用刑罚来威慑民众，民众只能暂时免于不犯罪，但却没有廉耻之心；而如果用道德来引导民众，用礼仪来规范民众，民众不但有廉耻之心，而且会心悦诚服。《三国演义》中所讲述的“七擒孟获”的故事，是对这一观点的最好诠释。受刘备托孤遗诏，蜀国丞相诸葛亮立志北伐。恰在此时，蜀国南方的部落发生叛乱，诸葛亮遂率部南征，首战就大获全胜，擒住了南蛮首领孟获。但孟获心里却很不服气，认为胜败乃兵家常事，诸葛亮于是下令将孟获释放。如此，诸葛亮七次擒获孟获，每次又都立即释放。待孟获第七次被释放时，他深受感动，遂与宗族、部下一同跪下起誓：以后绝不再谋反。

而“烽火戏诸侯”的典故则以反面教材的形式验证了这一观点。周幽王是西周的末代君主，即位后第三年，周幽王开始宠幸褒姒。褒姒不爱笑，为此，周幽王用尽了各种办法来逗她开心，她却仍然不笑。为了抵御外敌，周朝专门设置了烽火狼烟，一旦有敌人来侵犯，就点燃烽火，诸侯看到后就会前来救援。周幽王为了让褒姒一笑，竟点燃了烽火。诸侯见到烽火之后，全都赶来，却不见有敌人入侵。褒姒见到这么多兵马一通穷忙活，哈哈大笑起来。周幽王非常高兴，因而又多次命人点燃烽火。后来，诸侯们不再相信，即便见到烽火也渐渐不来了。不久后犬戎攻打镐京，周幽王赶紧令人点燃烽火，但诸侯们怕上当，全都没有来。结果周幽王在骊山被杀，褒姒被掳走，西周灭亡。

对于企业管理者而言何尝不是这样。管理者如果具有高尚的品德，员工就会对他们产生敬意，从内心拥护他。相反，即便管理者拥有很高的职位，掌握着很大的权力，但如果道德品质败坏，员工也会弃他们而去。

品格高尚的人会放射出磁石般的吸引力，对于追随他们的人来说，他们就是希望的象征。中国的智者始终强调“以德服人”，以才智和能力树立起的威信常常是不稳固的，一旦下属的才能超过自己，或者自己在工作中出现重大失误时，这种威信就会动摇甚至消失，而以自己的高尚品德和人格树立起来的威信，则会经久不衰，永存于下属心中。

管理者需才识济世

才识足以济世，何患世莫己知哉？

——（清）曾国藩《挺经·英才》

作为一名优秀的管理者，必须拥有良好的心理素质。作为一名管理者，最可怕的事情不是暂时的不成功，而是不能从管理工作中思考出成功的智慧。无论是从失败到成功，还是从一个成功到另一个成功，没有超出常人的心理素质是不可能做到的。

心理素质是人整体素质的组成部分，包括人的认识能力、情绪和情感品质、意志品质、气质和性格等个性品质诸方面。那么，作为一名合格的管理者，应该拥有哪些必备的心理素质呢？

作为一名管理者，首先必须拥有良好的认知能力。良好的认知能力是管理者了解情况、获得信息、正确决策的基础。为此，管理者必须具有良好的观察、记忆、想象和思维等心理素质。

观察是从一定目的和任务出发，有计划、有组织地对某一对象的知觉过程。这是一项能动的、积极的感知活动，它不限于知觉，而是在思维和语言的参与下进行的，是一种“思维的知觉”。观察敏锐，才能及时捕捉多种信息；观察准确，才能获得正确的信息；观察全面，才能保证信息的完整性；观察深刻，才能把握信息的本质，从而及时、准确地为决策提供可靠的依据。

记忆是信息的输入、贮存、编码和提取过程。记忆的准确性和备用性是两项极为重要的记忆品质。记忆的准确性使信息得以准确无误地贮存，记忆的备用性使管理者的决策和其他管理活动所需要的信息能及时地提取出来，从而保证管理活动的顺利进行。

想象是人的心理活动中的创造性因素。丰富的想象力使管理者能对所获取的信息，从各个角度、各个侧面进行加工、改组，产生丰富的联想，形成各种新颖独特的决策构想和管理方案。

思维能力是智力结构的核心，是管理者认知中最为复杂的心理活动。思维对客观事物的反映不是凭感官直接把握，而是借助于媒介和头脑的思维加工实现的，它所反映的不是客观事物的现象和个别属性，而是其本质属性和规律性。思维过程是由分析与综合、比较与分类、抽象概括与具体化等环节有机地构成的，这个过程贯穿于管理者发现问题、研究问题和解决问题的复杂的脑力劳动过程中。凡是在事业上有成就的人，身上都具有这些品质，特别是在他们分析问题、解决问题的实践中得到了充分的体现。

其次，管理者必须要有很强的全局观念，这是因为管理活动是社会目标体系中的活动，是各种大目标和各种小目标之间的高度的内在统一性和发展的协调性的结合。因此，管理者的管理行为要以大局为重，必须着眼于全局，要看到大环境、大趋势和自我整体态势。在处理问题时要高屋建瓴、高瞻远瞩，不局限于微薄小利的得失。

一个组织、一个企业的各种不同层次的职能部门要为实现共同的组织目标而有效地运转，这就要求管理者有较高的组织能力，正确处理好各个部门之间的关系，使之成为一个相互配合的有机整体。一个决策做出之后，管理者就要善于组织并激励员工为实现组织目标而努力实践。善于授权分工，明确责任；善于统筹兼顾，全面安排；善于综合人力、物力、财力，协调、沟通人与人之间的关系，从而运筹各方，使整个工作步步衔接，有序运转。

开拓创新的进取精神也是管理者不可缺少的心理素质。在管理团队的过程中，必然会遇到一些新问题、新情况。能否打破一切束缚人们前进的旧传统、旧观念，能否适应新情况、解决新问题，是决定管理者能否客观有效管理的重要问题。具有开拓创新精神是对管理者的基本要求。

最后，作为一个管理者，还要有坚强的意志、不屈的毅力、非凡的胆略、宽阔的胸怀以及敢于负责的精神。坚强的意志包括主动性和独立性、目的性和自觉性、坚定性和果断性、坚忍性和顽强性、沉着性和自制力及自信心等基本品质。管理者的意志主要体现为管理者的魄力，能自觉地确定目标并支配其行动，以自身的坚忍性实现预定的目标。管理者的心理品质应该表现为热情忠厚、与人为善、大公无私、坦率耿直、虚心谦逊、严于律己。既敢于批评别人，也勇于自我剖析；既能顾全大局，有时还要“委曲求全”；既要有胆略不断进取，也懂得进退自如，不盲目蛮干。

当机立断的魄力是管理者胆量和见识的综合表现，也是时代强者的表现。在竞争激烈的今天，现代管理者面临着许多新问题，这需要应用他的知识和智慧，综观全局，把握时机，做出抉择，这就是当机立断的魄力。如果优柔寡断，就会错过良机。要敢于当机立断，首先要敏捷而准确地发现问题的症结；其次要通过现象把握本质，权衡利弊得失；最后认准目标，勇敢前行。

一个人的心理素质是在先天素质的基础上，经过后天环境与教育的影响而逐步形成的。因此，管理者不仅应当在走上管理岗位之前努力学习管理知识，更要在管理实践中不断总结经验，提高自身的心理素质和管理水平。

管理者需修养性情

贵而不骄，胜而不悖，贤而能下，刚而能忍。

——（三国）诸葛亮《将林》

在管理活动中，常常会出现这样的情况：一些才华横溢的管理者，其工作绩效并不突出；而有些人才能并不杰出，却能在自己的管理工作中做出突出的贡献。这说明，管理才能作为影响人的活动效率的基本因素，只为取得有效管理提供某种可能性，而真正要使管理活动取得有效性，在于如何使管理者的才能得以充分发挥。

在现实的管理活动中，总有一部分管理者成绩突出，一部分管理者则政绩平平。造成这部分管理者的“潜才能”不能转化为“显才能”的原因有许多，其中最重要的原因正是性格缺陷对管理者才能的影响。

一个管理者要想充分发挥自己的才能会受到各方面因素的制约，性格是其中的重要因素。性格是区别于他人的、鲜明的个性特点，是个人主要的、稳定而长久的个性特征。性格和能力是个性心理特征的两个主要方面，它们相互联系，有着共同的心理基础。当心理个别差异在心理过程中表现出来影响活动效率时，一般表现为能力；当它在行为活动中表现出来影响行为方式时，一般表现为性格。而行为方式和活动效率又是密切联系的，因此性格对能力的发挥有着重要的影响。管理者性格的缺陷往往会制约其才能的充分发挥。

比如说，性格多疑，行事瞻前顾后，容易影响管理者的决断力。管理行为具有导向性，这决定了管理者的一项重要职能是决策，而决策需要管理者具备决断力。但是，如果管理者做事拘谨多虑、瞻前顾后，那么必然会在需要其拿出魄力大胆决断时失去勇气，这种性格缺陷对管理者决断力的影响有两方面：一是影响管理者对目标的选择；二是影响管理者对这一目标的完成。拘谨多虑的性格缺陷会使人思前想后、犹豫不定，不能果断地处理问题，从而坐失良机，导致目标难以实现，给团队带来损失。

三国时期，魏将司马懿带领大军十万向诸葛亮所在的西城蜂拥而来。当时，诸葛亮身边没有大将，所带领的五千军队也有一半运粮草去了，只剩两千士兵在城里。众人听到司马懿带兵前来的消息都大惊失色。诸葛亮登城楼观望后，对众人说："大家不要惊慌，我略用计策便可让司马懿退兵。"

于是，诸葛亮传令所有的士兵都躲起来，把四个城门打开，派几个士兵扮成百姓模样洒水扫街。诸葛亮自己领着两个小书童到城上望敌楼前凭栏坐下，然后慢慢弹起琴来。

司马懿带领大军到达城下，看到这种情况后疑惑不已，略微思考便下令撤军。他对别的将领说："诸葛亮一生谨慎，不曾冒险。现在城门大开，里面必有埋伏，我军如果进去，正好中了他的计。还是快快撤退吧。"于是各路兵马都退了回去。足智多谋、才智过人的司马懿中了诸葛亮布设的空城计，正是其多疑的性格缺陷所致。

意志软弱、怯懦自卑是影响管理成效的另一种性格缺陷。无数实践证明，事业的成功和意志的坚强是紧密相连的，而管理工作的复杂性和重要性就更需要管理者坚韧不拔、刚毅无畏。有一些管理者，他们具备足以胜任管理工作的才能和热情，但由于他们存在意志软弱、怯懦自卑的性格缺陷，使他们的才华不能得到充分发挥，创造力也时时为缺陷的性格所影响。管理工作难度很大，尤其是在进行一些创造性的工作时，管理者会遇到数不清的困难。管理者如果没有超乎一般人的坚强意志和自信心，是难以妥善处理好各种矛盾的。意志软弱的管理者在困难面前的萎缩退让，使得他们难以实现确立的目标。因而，尽管他们不断为自己确定了不少宏伟的目标，并且自身经常闪现出一些令人目眩的创造力，但终究会在困难面前退缩不前。

还有的管理者心胸狭隘、固执己见，这会影响他们选才用人的能力。选才用人是管理者的一项重要职能，实际上是管理者借用他人力量使自己的智力得以延伸、能力得以延长、精力得以补充的过程。心胸狭隘的人总怕别人超过自己，危及自身的地位和声誉，因而对别人的成绩总是耿耿于怀，不能容忍。一方面，他们好用自己习惯的思维方法和行为方式去评判他人，从而把某一方面的缺点人为地扩大，造成选才标准的无限拔高；另一方面，又嫉贤妒能，宁愿用能力平平者，造成实际用人标准的降低。这种性格缺陷造成管理者对选才用人态度不积极，在实际工作中，一些有能力的管理者总是因此失去应有的影响力、凝聚力，影响工作的实际成效。

自制力薄弱、心绪不定的缺点则会影响管理者的组织协调能力。在一个团队中，团队目标的实现要通过管理者对团队成员的组织协调。如果管理者自制能力差、情绪波动大，就会造成团队发展不稳定。管理者情绪高时，团队发展快一些；情绪低时，则发展慢一些。另外，还会造成团队内部各部门因管理者的好恶影响而发展不平衡，影响团队全面发展。这种情绪也会影响个别员工的积极性。当管理者面对某个员工的成功或过失时，若对自己的情绪不加控制，任其宣泄，必然会给员工积极性的调动带来障碍。

办事懈怠、拖沓懒散是影响管理者管理能力的另一个性格因素。效率的高低直接影响到管理效能，而效率来自快节奏的工作频率和勤奋的工作态度。一个管理者尽管很有管理能力，但如果他拖沓懒散、办事懈怠，久而久之，不但自己工作拖沓，还会养成员工懒散的工作作风。在这种情况下即使他的管理能力很强，也不可能充分发挥出来，更不可能把这种能力转化为管理效能。

性格是环境的产物，不同的社会背景、集体和家庭氛围、个体情境条件，在很大程度上决定着性格的不同。要想充分发挥管理才能，实现管理活动的有效性，就需要管理者自觉进行自我性格调适，塑造时代所需要的、与本职工作相适应的优良性格，根据性格中可塑性的一面，实现由不良性格向优良性格的转变。

内心专注，锲而不舍

> 锲而舍之，朽木不折；锲而不舍，金石可镂。
>
> ——《荀子·劝学》

在快速变革的年代，企业的发展面临着越来越多的不确定性，生命周期呈现缩短的趋势。一个不争的事实是，十年前的《财富》500强，到今天已经有近40%销声匿迹了。那些留在榜单中的企业有一个共通的地方，那就是专注精神。

马化腾在2004年度“CCTV中国十大年度经济人物”颁奖典礼上发表获奖感言时说：“专注做自己擅长的事情。”在组织管理、业务发展上专注地做事，就会使企业获得成长的机会，这是一种专业的经营理念。

世纪之交的网络热潮曾经吸引了无数风险资本加入其中，大潮过后，人们看到的是一片衰败的景象。在那个网络寒冬，许多人纷纷离去，而留下来的人也辨不清方向，盲目投资。而腾讯公司始终坚持“即时通信”这个产品，并以之为基石，牢牢吸引用户的关注，再以家喻户晓的QQ软件为平台，与其他企业携手合作，形成了“固本培元，开枝散叶”的商业模式。

商业竞争与组织管理中充满陷阱和诱惑，以至于许多企业在多元化、国际化、规模扩张等问题上举棋不定，不能专注于基础性管理工作和自己最擅长的业务，最终陷入“成长的烦恼”。“骐骥一跃，不能十步；驽马十驾，功在不舍。”企业管理是复杂的事情，需要决策者具备专注的管理理念，这样才能保证出色的商业计划真正得到贯彻执行。同时，只有在日常管理事务上做足功夫，在既定的领域内做深做透、做专做强，有效纠正和避免发生管理偏差，才能考虑围绕核心扩张、开展多元化、实现国际化等发展战略，否则，永远都不会逃脱“其兴也勃，其败也速”的周期律。

华为公司近 20 年来始终专注于自主研发、加强内部管理，目前已经成为世界电信市场上的主力军。当时作为香港红桥模拟交换机的代理商，华为没有核心技术。于是，华为总裁任正非确定了自主研发、自创品牌的发展道路，随后便把代理所得的微薄收入全部投入到小型交换机的自主研发上，利用压强原理，局部突破，逐渐在技术上领先，继而带来利润，在利润扩大后再投入到升级换代和其他通信领域的技术创新中。长期的积累和专注精神，终于使华为在 3G、NGN、光网络、xDSL、数据通信等高端领域硕果累累。资料显示，在全球排名前 50 位的运营商中，有 22 家使用华为的设备。

尽管如此，任正非仍然没有放松专业管理的念头：“虽然今天华为的实力大大地增强了，但是我们仍然会坚持压强原理，专注于自己最擅长的领域，做到业界最佳。”正如德鲁克所说，在知识经济时代，人们当然应该专注于自己的长处，对自己无能为力的领域，则不必徒耗心力，试图改进。

需要注意的是，专注并不是大企业的专属，中小企业管理者同样需要专注的品质。“船小好掉头”是中小企业管理者常常挂在嘴边的话。尤其在面对市场的不景气时，改换方向就成了“最佳选项”。对此，经济学家许小年提出了一条十分中肯的建议：“以一个平和的心态面对，坚持把自己的企业做好，少听一点‘天气预报’。”企业管理者最可贵的精神就是专注和坚守。我们常常看到的是，经济好的时候，很多人选择把钱投在房地产上，经济不好的时候又开始琢磨自己的主业还能不能做下去。这样即使有再大的梦想，恐怕也会成为空想。

当然，专注也是一个辩证的概念，不能把简单的固守当作专注。正确的专注，要在固守主业的同时，将产品线向高端发展，持续细分市场。

做高端并不只针对高科技产业，再小的制造企业都可以尝试。实际上在轻工制造领域比如家居、纺织行业，已经有很多中国企业通过提升产品档次和改善劳动生产率，部分抵消了成本的上涨，甚至能做到把几厘钱一支的吸管卖到几元钱。

另外，消费者的多元化选择形成了市场的分层，让企业不得不考虑一部分特定消费者的需求。为了获得更高的溢价，应该改变“薄利多销”的传统思路。不要瞧不起小众市场，主导一个小众市场，要比在大众市场零敲碎打强得多。有服装企业以前做几美元一件的普通运动服，后来转做小众市场，一套高档滑雪服能卖一千多美元。

而这一切的前提是，你一定要坚持主业，比别的企业坚持得更久。

不惧失败，越挫越强

丈夫贵不挠，成败何足论。

——（宋）陆游《入瞿唐登白帝庙》

管理工作是一个不断试验的过程，只有通过吸取教训、累积经验，才能最终找到适合自己的成功管理之道。因此，当管理者专注于组织管理时，要以正确的心态看待成败。老子说："祸兮福之所倚，福兮祸之所伏；孰知其极，其无正。"人们从事各种活动，无不受到外界利益的诱惑，受到各种情势的影响，是福是祸，很难立刻甄别。只有初衷不改的人才能经受失败的打击，赢得最后的胜利。

从巨人汉卡到巨人大厦，从脑白金到黄金搭档，史玉柱是中国具有传奇色彩的创业者之一。1989 年，史玉柱研究生毕业，借款 4000 元下海创业，研究开发的 M—6401 排版软件，4 个月就赚了 100 万元。1991 年，他创立巨人集团，两年后销售额即达到 3.6 亿元，成为中国第二大民营高科技企业。1995 年，巨人公司推出脑黄金等 12 种保健品，投放广告 1 亿元。史玉柱被《福布斯》列为大陆富豪第 8 位。1997 年，因一连串盲目扩张的决策失误和兴建巨人大厦造成资金链断裂，巨人集团轰然倒塌，欠下 2.5 亿元的债务。史玉柱沦落为"全国最穷的人"，演绎了一个企业迅速盛极而衰的经典案例。

失败带来的是史玉柱公众形象上的巨大转变，他突然从全中国最著名的青年企业家变得一文不名。一时之间所有的合作伙伴都出现在媒体上，投诉巨人如何欠款不还。史玉柱自己说，当年有 3000 多篇文章总结巨人的失败——这是别人统计出来的，他补充道——然后，所有人都认为巨人和史玉柱没有可能再成功。

然而史玉柱没有让巨人集团破产——这样可以免除所有的债务。1998年，他带领一批巨人旧部开始做“脑白金”，用“走街串巷”这种“低级”的营销方式，在短短的两年时间内，就把脑白金打造成中国著名品牌，创造了年销售10亿元的奇迹。2001年，史玉柱还清了2.5亿元债务，并将“敢于承担个人责任”写进新巨人集团的经营理念。

这一年他被授予“CCTV中国经济年度人物”。第一次，他上演了一个成功的版本；第二次，演绎了一个失败的案例；这一次，他从哪里跌倒就从哪里爬起，并完成了对企业家精神的定义：执着、诚信、勇于承担责任。在企业家命运沉浮变幻的序列中，史玉柱再次崛起的故事，突显出执着与毅力的魅力与价值。事业的跌宕起伏、世间的是非议论，唯有敢与苦难做伴的人，才能从跌倒的阴影中爬起来，迈向成功。

挫折具有二重性，挫折是坏事，使人或痛苦、失望、一蹶不振，或意志失控、情绪低落，或完全丧失意志。但挫折也对人产生教育作用，使人吸取教训，磨炼意志，逆境奋起。挫折是每一个人都会遇到的，不同的人对挫折的反应是不一样的。每一个人遭受挫折，必然有所动作，以求解脱挫折带来的心理压力和烦恼，作为管理者应该如何面对挫折呢？

首先，管理者应该认真分析原因，改变方法，调整目标或改变目标。把遭受挫折产生的敌对、愤怒的消极情绪转化为奋发图强、争取上进。不灰心，不气馁，采取积极进取姿态，通过努力克服困难，实现自己的目标。当采取某种行为不能实现目标时，就改换另一种途径或方法来实现目标。若是目标太高，则调整目标，使之切合实际。如果原先确定的目标受到生理、物质和环境条件的限制，无法达到时，就拟定一个新目标取代原定目标。

其次，受挫后要转移视线，防止消极心理出现。如果受挫后，用意志力压抑住愤怒、焦虑的情绪，把它们埋在心底，而流露出正常的情绪状态，这对身体健康是有害的。所以，人人都应当加强挫折心理的自我预防和调节，其方法有：

1. 合理宣泄。心里有委屈和怒气时，以平缓的方式向人倾诉；有疙瘩和误会，要开诚布公地交换意见；有意见和矛盾，摆事实讲道理，以理服人；必要时也可在适当的场合大哭一场，释放能量，消消气。

2. 理智消解。受挫后先冷静理智地反省，失败后清醒地总结教训，双方争执之时先理智地站在对方的位置设想一下。礼让为先，三思而行，扩大理性思考，强化合理信念，就可以调节自己的情绪和行为，预防不良行为的发生。

3. 替代升华。将挫折变为一股进取的力量，释放到有利于社会的替代行为目标上去，并竭力去实现这个崇高的目标。这是一种高级的情感宣泄方式，所以也叫艺术升华。

4. 注意转移。当产生挫折后，全面考虑，从长计议，用好的有利的一面来安慰自己。

挫折对每一个人来说总是难以避免的，故此，管理者应当正确认识与对待挫折。要承认挫折，正视挫折，然后认真、冷静、客观地分析各种受挫的因素，找出关键因素，并要培养坚强的意志，把挫折所造成的不幸、对个人的打击，当成磨炼自己意志的机会。

深思熟虑，不浮不躁

轻则失根，躁则失君。

——《道德经·二十六》

管理者在做出决策时务必要精心谋划，避免浮躁。

浮躁是管理者的大敌，容易使人失去对自我的准确定位，使人随波逐流，盲目行动。稍有进展时盲目冒进，一遇挫折就烦闷急躁，甚至气急败坏干出蠢事，有严重急躁情绪的管理者，往往成事不足，败事有余。俗话说“欲速则不达”，为人处世更不能急躁。操之过急、浮躁轻率，虽然表面上看是快了，然而随之而来的是漏洞百出，挫折不断。特别是在与对手“短兵相接”之后，盲目冒进会使别人发现自己急于求成的心理。这样，就失去了竞争中的主动权，也许由于一招棋错，而致全盘皆输。

在激烈的市场竞争中，一些管理者习惯于根据经验做出决定，而自身能力与视野的局限、内外环境的复杂，使这种决策在很大程度上缺乏科学性和灵活性。一旦决策失误，将会带来严重的发展危机。

盲目扩张是管理者在浮躁心理的左右下最容易犯的错误。贪多求大，不注重基础建设，不练内功，内部管理混乱，虽自知效益低下，却敢去大笔贷款，甚至不怕高息贷款，结果被压得喘不过气来，殊不知贷款终归是要连本带利归还的。最后，企业就被自己找来的巨额负债活活压死，到头来落了个损人又损己的下场。

现金流是现代企业经营理念中非常重要的一个指标，现金流从某种意义上说比利润更重要。有相当一部分企业往往会忽视这一点，故而导致因为现金流中断，而使企业对外经营在比较正常的情况下，内部财务却难以为继。

十年前，22岁的李兆会因为父亲的意外去世，接手海鑫钢铁这家山西最大的民营钢铁企业，然而他在维持钢铁家业的同时，转身做起了投资客，醉心于资本市场的快进快出，不断从海鑫钢铁抽血输向资本市场。很多资金消失于无形，大量股权投资失败，最终因资金链全线断裂而崩溃。这和李兆会年轻气盛、心态浮躁有直接关系。而老成持重的李嘉诚就非常注意企业的现金流。正因为如此，1950—2015年，李嘉诚没有遇到资金紧张的困境，股票上市以来涨幅超千倍。无论是石油危机、1998年的亚洲金融风暴，还是2008年的全球金融危机，面对经济寒冬，李嘉诚的做法是迅速降低投资负债率。他旗下企业的负债比例只有15%，不像有些企业“胆大玩的就是心跳”，甚至背上百分之几百的高负债都不怕。2008年次贷危机爆发后，李嘉诚手中累计有超过220亿美元的现金，在经济风暴中得以安然屹立。李嘉诚经常说的一句话是：“一家公司即使有盈利，也可以破产，但一家公司的现金流是正数的话，便不容易倒闭。”他一直遵循“现金为王”的保守投资理念，外部环境再恶劣他都能渡过。

稳健是企业的生命，冒进之于企业是生死存亡的大考验，许多倒下的企业，往往都是盲目扩张的结果。因此，企业决策要有轻重缓急，这是企业管理者应当把握住的问题。一个企业的结构无论如何简单，无论管理如何有序，企业中有待完成的工作总是远远多于用现有的资源所能做的事情。懂得轻重缓急的决策将良好的想法转化为有效的承诺，将远见卓识转化成实际行动。轻重缓急的决策体现了企业管理者的远见和认真的程度，决定了企业的基本行为和战略。

作为国内家电标杆企业的海尔，在1998年之前的产品多元化战略阶段比较成功。这期间，它基本做到了资本围绕主业运营，成功从只有冰箱一种产品发展到了几十种家电产品，并从白电领域跨入黑电领域。但是，成功之后的海尔却失去了以往的专注，成为一家无所不能的企业，所涉及的行业令人眼花缭乱，共有家电、通信、IT、家居等12个之多。到现在，海尔的主业家电在国际市场仍旧是“廉价产品”的代名词，难与韩国三星、德国西门子等具有国际影响力的品牌竞争。

中国企业在完成了企业“成长期”的快速发展后，开始逐渐遭遇发展瓶颈。以往在宽松环境和不健全市场中形成的种种“陋习”，一时间很难改正。这让企业变得浮躁，甚至过度膨胀，最终丧失必要的应变能力。诸如国美内斗、“3Q大战”等事件，之所以能成为经济领域的焦点，正反映出企业在治理结构、竞争方式和市场策略等企业发展的核心因素上，统统出了问题。企业在以往比较宽松的大环境中，整体发展思路相对简单，只重视市场份额、用户数量、利润等因素，而连年的高速增长，又蒙蔽了企业的双眼，将对公司治理结构、竞争方式和市场策略等“硬件建设”抛在了脑后。

所以，管理者一定要摒弃浮躁，不能热衷于对经营管理之“术”的学习，忽略对经营管理智慧本源之“道”的思考。

自省自修，不断成长

吾日三省吾身：为人谋而不忠乎？与朋友交而不信乎？传不习乎？

——《论语·学而》

一个人不管多聪明，认识总会有局限。智慧是建立在不断犯错误、不断总结反思的基础上的。作为管理者更应该经常反躬自省，反思自己的不足，这是因为管理者所处的地位使其人格具有放大效应，而更重要的是，管理者只有时时看到自己的短处，知道自己的不足，才能找到自己在思想上、作风上、知识上的差距，才有前进的动力和方向。

亨利·明茨伯格在《管理者的工作》中指出：管理者的工作不是我们想象的那样，管理必须在不断地自省中改进。专注于日常管理的同时，学会自省，才能使组织不会迷失发展方向。没有什么人是天生的管理者。在成为一个成熟的管理者之前，每个人都要经历一个心理发展过程。

首先，作为团队管理者，必须要有充当管理者的要求和愿望。拿破仑曾说过："不想当将军的士兵，不是好士兵。"一个管理者如果没有领导他人的意愿，只是满足于做一名追随者，那么何以成为优秀的管理者呢？

一旦走上某个管理岗位，成为正式的管理者，某些人就会立即感到能力、观念、素质及其他方面的极大的心理不适应，因为复杂的管理工作远远不像他们想象的那么简单，这就是所谓的"心理—现实错位现象”。这个阶段称为管理者的心理震荡阶段。

我们经常听到这样的事：一些优秀的工程师或科学家被提拔到管理者的位置上，然而，其中许多人对管理知之甚少或者毫无兴趣，其结果是因为不懂得如何处理各种问题，破绽百出，大煞风景，致使工作受到严重影响。如何调整这一错位现象，如何适应管理工作，便成了这一阶段的重要任务。当新任的管理者开始扮演新的角色时，首先要决定预期达到的目标，要把起初的几个星期花在了解员工上，弄清楚每个员工在做什么，读一读他们的人事档案，与他们建立密切的关系。要记住，事情的解决不会一帆风顺，越难处理的事，越要从容、冷静地对待。

随着管理者在管理岗位上的时间刻度的增加和管理空间的拓展，他们的工作经验得到了不断的积累，其情绪逐渐趋于稳定，其管理能力和心理素质基本适应管理工作的需要和各种环境，这种心理上的适应性就是“心理—现实正位现象”。

随着管理实践的进一步发展，管理者的个体心理发展到了比较高的水平，能够自如地应付各种场面，适应多种环境，自觉地、有效地控制和调节自己的心理与行为。这一切都需要管理者在“自省”中不断成长。

国内有一家企业，在历经了 10 年的跨越式发展以后，陷入了困境。面对销售业绩下滑、公司利润减少等严酷的现实，管理层各执己见，出现了严重的分歧。最后，公司聘请专业咨询机构为自己把脉。顾问人员进驻公司以后，参加了大大小小的会议，组织管理人员、普通员工进行了充分的沟通，最后得出结论：企业的日常管理没有问题。既然公司每天都在“正常运转”，为什么会出现业绩下滑等无法令人满意的结果呢？通过进一步的考察和分析，咨询机构认为是公司的“管理”出了问题。

也就是说，日新月异的市场环境需要管理者从战略上把握组织发展方向，但是这家企业的管理者还停留在创业的思维方式中，不能跟随外部环境和市场需要进行变革，就会使企业在辉煌之后陷入发展困境。

TCL 总裁李东生是一个强调“自省”的领导者。在残酷的市场竞争中，他养成了从自己身上找原因、不怨天尤人的管理理念，比如：先找对人，再决定做什么；强调纪律的文化，改进团队内部建设。而面对来自外部的压力和冲突，李东生更学会了从内部寻找积极力量实现平衡。他曾经说过：“中国有中国的情况，为达到一个目的，必须要去适应，而非去改变一个环境。”

司马牛曾经向孔子询问何为“君子”，孔子说：“君子没有忧愁，没有恐惧。”司马牛接着问：“为什么这就称得上君子呢?”孔子回答说：“一个人坚持自省没有愧疚，还有什么忧愁和恐惧呢?”如此一来，他生活得坦坦荡荡，在工作上也没有失误，这就是一种理想的人生境界。

“自省没有愧疚”，对管理者来说就是实现了卓越管理；而通过自省发现问题，并及时改进，则可以不断提升管理与领导水平，从而避免陷入“夜郎自大”的困境。从领导力模式上看，拥有自省，才能使管理者在冲突来临之前实现一种恰当的平衡，才能卓有成效地“做正确的事情”。善于自省和自制，是儒家倡导的君子之道；而管理者学会自省，才能成为卓越的领导人。

痛自克治，事无不集

苟即其所短，而痛自克治，则官无难事，事无不集者矣。

——（元）张养浩《牧民忠告·拜命》

管理者是一个团队的核心，管理者素质的高低、修养的好坏，既决定着管理者的业绩，也关系到企业的盛衰。但是套用一句俗话来说，“管理者也是人”，也有各种各样的毛病。因此管理者必须克服一些不良的心理倾向，才能保证管理工作的正常进行。张养浩提倡的“克性之偏”，就是加强内省，克服自己的缺点，如此，则“官无难事，事无不集”。

管理者作为团队中享有权利的分子，有的容易产生忌妒心理，这种忌妒是对强于自己的同事或下级产生的恐惧、愤怒和忌恨，由此而采取贬低甚至诽谤别人的手段来摆脱恐惧和愤怒的困扰，以求心理上的平衡。而能干的管理者懂得训练接班人，他会把许多详细资料移交给接班人。只有这样，管理者才能加强自己，从各方面提升自己。人们凭自己的能力促使别人去干工作获得的报酬多于自己亲自去干所获得的报酬，这是永恒的事实。但是管理者的忌妒心理却在抑制人的积极性，扼制人才的发现和开发，破坏人与人之间的心理相容性、群体凝聚性，对个人的身心健康和不断进步都会造成很大的损害。

三国时代，杨修在曹操手下担任主簿。杨修非常聪明，据说有一次丞相府建造花园，工匠们请曹操验收。曹操看了什么也没说只在园门上写了一个“活”字。工匠们不解其意，就去问杨修。杨修说：“丞相嫌园门设计得太‘阔’了。”工匠们按杨修的提示修改了方案。曹操见改造后的园门，问工匠们是如何知道自己心意的，工匠们说多亏了杨主簿的指点。曹操口中称赞杨修，心里却嫉恨杨修的才华。后来就借故把杨修杀掉了。还有同样才华横溢的祢衡，也被曹操用借刀杀人的方法害死了。曹操患有头痛病，与他嫉妒的性格有一定的关系。

固执心理是另一种容易影响管理者的不良心理。固执是坚持成见、不懂变通的心理现象。在日常工作中表现为一意孤行，只相信自己不相信别人。固执心理对于管理者，尤其是主要管理者来说，其危害性是很大的。久而久之不仅影响事业发展，也会使管理者处于苦恼的孤立地位。某些管理者在进行重大决策时，不听取多方意见，不进行实际的调查研究，一味坚持自己从第一印象中得出的错误结论，作出错误的决断，其结果将最终导致重大的损失。例如明代的“土木之变”就是因为明英宗固执己见，不听取臣下意见，轻率出兵所致。现代社会发展瞬息万变，稍有不慎就会导致全军覆没。因此，作为管理者绝不能固执轻率，而应当集思广益，作出正确的判断。只有这样才不致在社会竞争中被淘汰。

还有少数管理者喜欢被奉承。奉承是一种只听好话、听不进坏话，爱听报喜、厌听报忧的心理现象。爱听报喜、不爱听报忧的现象在现实生活中处处可见，明明是企业亏损，却上报赢利；明明企业问题严重，却说成“形势一片大好”。喜好奉承的管理者，往往不能了解下面的实情，从而做出错误的判断和决策，给事业造成极大的损失。

另外，许多人认为在一个团体中高高在上的管理者总是意气风发的，其实不然，管理者也会被忧郁心理所困扰。忧郁心理是一种情绪低落、遇事多虑甚至焦虑的心理现象。过分的小心谨慎，就会寸步难行、丧失机遇，就会斗志衰退、疑而不决，有时后果会不堪设想。忧郁心理的最大危害是影响管理者果断决策，影响管理团队的奋进斗志。犹豫不决不等于深谋远虑，特别是在信息社会，不抓住机遇及时决策，就会耽误大事。

总之，作为管理者，首先要努力加强自身的修养，要勇于“纳谏”，虚心听取他人的不同意见，甘当伯乐，也要敢于正视问题，提高分析问题的能力。另外还要尽量克服以上几种不良的心理现象，争取发挥最高的管理效能。

管理之艺，致治之要

> 虽有忧勤之心而不知致治之要，则心愈劳而事愈乖。
>
> ——（北宋）欧阳修《准诏言事上书》

管理既是一门科学，也是一种艺术。管理者在做管理工作时，为有效地达到管理目标而灵活运用各种技巧、手段和特殊方法，这就是管理者的领导艺术。它是管理者的智慧、学识、才能、胆略和经验的综合反映，是管理者素质和能力在方法上的体现。

管理不讲究科学策略，工作不讲究方式方法，为人处世不讲究交际艺术，是很难在组织中立足的，这样只会处处受敌。将每一种管理方法都研究透彻，将每一个管理技巧都发挥到极致，将每一项管理工作的细枝末节都精雕细琢，是成为一名优秀管理者的要诀。

要想使管理工作从“技术”上升为“艺术”，首先要求管理者发挥创造性。管理艺术是一种富有创造性的管理方式和方法。它不是对管理学知识的一般的、简单的、机械的运用，而是创造性的发挥；它不是墨守成规、照章办事的产物，而是一种层出不穷、丰富多彩的独特技艺。在现代信息化条件下，管理活动所面临的问题错综复杂并呈现多元化的状态。因此，每个管理者都必须充分发挥其主观能动作用，进行综合性创造，使自己的聪明才智得到应有的升华，从而产生构思新颖、风格独特，并能有效适应多种目标的管理艺术。

在大多数情况下，管理行为都是因人、因事、因地而异的，是即兴而发的。这种对随机事件的非模式化、非程序化的处理，表现出管理艺术具有灵活性的特点。一个好的管理者，不能按照规范化的程序和定量化的数学方法去认识问题和解决问题，而必须根据不同的时间、地点和条件，运用已有的经验、知识和判断力，随机应变地采取措施，解决问题。

管理艺术中，最重要的是“弹钢琴”的艺术。弹钢琴需要十个指头都动作，不能有的动，有的不动。而这十个指头如何动作，则是一个艺术性很强的问题。如果十个指头一起按下去，那就不成调子了。只有十个指头在键盘上的跳动有先有后，有重有轻，有急有缓，有节奏并相互配合才能产生出美妙动听、沁人心脾的音乐。把这种弹钢琴的艺术应用于管理工作中，就是要统筹兼顾，全面安排，抓住重点，照顾一般。

任何一个企业、部门或单位，都会有许多具体工作需要管理者去处理，这些具体工作在全局中所处的地位和所起的作用是不一样的。有的在全局中占主导地位，起着主要的、决定性的作用。有的则居次要地位，起着协调配合的作用。占主导地位、起决定性作用的是中心工作或重点任务，其余的属于一般性工作，是非中心工作。中心工作是主要矛盾或矛盾的主要方面的集中表现。因此，中心工作搞得好坏决定着全局的成败。作为管理者就是要善于处理好中心工作与非中心工作的关系。既要抓住中心环节，又要兼顾其他各项工作。只有这样，才能够打开整个工作的局面。

其次，管理者还要具有把握时机、随机决断的艺术。所谓时机，就是某种事物赖以存在和发展的条件，而各种条件总是在发展变化的，这就要求管理者在着手处理问题时，必须不失时机，看得准，抓得住，充分利用现有条件，迅速果断地作出决断。常言道："机不可失，时不再来。"管理者如果优柔寡断，坐失良机，那么尽管你的主意和办法是好的，但也只能是"事后诸葛亮""马后炮"。管理者要做到把握时机，随机决断，先要全局在胸，统筹得体，能够对全局和整体做出估量。要善于把握整体内部和外部的关系，抓住要害，带动整体。如果没有对全局的深刻了解，决断就会失去依据。然后，要审时度势，当机立断，善于捕捉战机，分清主次，在事物发展进程中，随机应变，果断决策。包括在条件发生变化时，不失时机地调整原定计划和部署，以适应变化了的情况。

最后，管理者还必须掌握"留有余地"的艺术。所谓"留有余地"就是在管理工作中，为了弥补主观认识上可能出现的失误，说话办事和做工作时要留下可以回旋的余地。它是一种以防万一、争取主动的管理艺术。之所以要留有余地，是因为：第一，人们要正确认识客观规律并按客观规律办事，这并不是很容易的。人的认识不仅要受客观过程发展及其表现程度的限制，受科学技术发展水平的限制，而且还要受主观条件和能力的限制。所以人们对客观规律很难一下子就认识得很准确、很深刻。第二，即使是完全正确的认识，也可能会遇到预料不到的新情况、新问题。因此，管理者在想问题、办事情的时候必须留有余地。留有余地的管理艺术在管理活动中的应用是非常广泛的。例如，制订计划的时候，指标不能定得太高，要留有余地，要使下属经过努力能够实现并有可能超额；在人力、物力、财力的使用上，要留有后备，不能满打满算，以防突发事件；在做员工的思想工作时，也要留有余地，要允许员工有一个接受和体验的过程，不能强加于人。

当然，管理者的领导艺术无论怎样灵活和多样，无论多么玄妙和高超，但它毕竟不是管理者个人的主观臆造，而是管理者主观能动性与管理活动实践的客观规律性相结合的产物，它既以一定的管理学知识为基础，又反过来以管理者自己的经验和对规律的总结，去丰富和发展管理知识。

实事求是，求真务本

名必有实，事必有功。

——（东汉）荀悦《申鉴·俗嫌》

《孟子》中有个著名的“揠苗助长”的故事，说的是宋国一个农夫担心自己田里的禾苗长不高，就天天到田边观望。接连几天，他都看不到禾苗有明显长高的迹象，不禁心急如焚。后来，他想了一个帮助禾苗快速生长的办法，那就是把禾苗一棵棵地拔高。农夫从早上一直忙到太阳落山，累得筋疲力尽。他高兴地回到家，竭力夸耀自己今天的功劳。但是第二天早上，他的儿子跑到田里一看，发现禾苗全都枯死了。

不以务实的态度做事，而是盲目地急于求成，这既是宋国农夫失败的原因，也是许多现代企业管理者经常犯的错误。

组织管理者往往需要建立自己的权威，所以永远保持“正确”的决策和言行就成为他们努力的方向之一。与之相对应，当自己在某方面不甚了解时，就会自然地掩饰这种不足，表现出无所不知的样子。然而，这对管理者自身成长和组织发展是非常有害的。安德鲁·伯罗斯说过：优秀的首席执行官在讲话时从不装腔作势，他的员工也是如此。

三国时期，曹操在一次行军打仗的过程中，为了保护即将成熟的庄稼，下令不得马踏或人为踩坏禾苗。这时，一只野兔惊扰了曹操的坐骑，马受惊后疯狂奔跑，结果踩坏了大片庄稼。刚颁布法令，自己马上就违反了，但曹操没有装腔作势地为自己开脱，也没有解释管理者可以有免除的机会，而是削发以抵斩头的罪行。曹操知法犯法，主动接受惩罚，赢得了将士的信赖和拥护。这种务实的管理作风不但没有损害他的威信，反而极大提升了他的个人声誉。

对一件事情或某方面的状况采取实事求是的态度，历来是为人处世的一条根本原则。孔子教育人们做到“知之为知之，不知为不知”，这既是老实做人、踏实做事的忠告，也是现代企业管理者从事管理工作应该具备的一种智慧——坚持实事求是，务实赢得成功。

声名远播的西点军校有一个久远的传统，学生遇到军官问话时，只能有四种回答：“报告长官，是!”“报告长官，不是!”“报告长官，不知道!”“报告长官，没有任何借口!”除此之外，不能多说一个字。管理者每天忙忙碌碌，是否能够接受良心的拷问而做出如上的回答呢？这是一个值得我们深思的问题。

管理工作千头万绪、管理情况错综复杂，管理者只有坚持务实的作风，才能正确地做事，有力地推进管理活动，促进公司发展。特别是当犯错不可避免时，我们更需要以务实的精神应对，这样才能纠正错误，化解危机，转危为安。

有哲学家说过：“正是因为自以为是，人们才会迷失自己。”因此，在沟通、团队协作、激励等管理工作中，企业管理者务必要秉承实事求是的原则，既不被外界欺骗，更不自欺，做到“知之为知之”，从而避免自我迷失。

2

第二章

慧眼识人

左宗棠曾言：“非知人不能善其任，非善任不能谓知之。”

作为管理者，“用人”是基本的工作，然而若不能识人，则势必不能用人。所谓“知人”，就是考察、选准人才；所谓“善任”，就是正确地使用人。“知人”与“善任”之间是辩证关系，“知人”是“善任”的前提和基础，“善任”是“知人”的延伸和深化。能够及时挖掘埋藏在人群中的有才者，并让他们闪耀出夺目的光芒，是每一位管理者应当具备的能力。

能者方可得士

善观人者观己，善观己者观心。

——（明）祝允明《读书笔记》

在“用人”之前，必先要“识人”。而识人这一关，相信很多管理者未必能够做到，或者没有“识”的功夫。只有拥有足够的管理才能，才能在芸芸众生中分辨出栋梁之士。

管仲是我国历史上最出色的国家管理者之一，但如果不是碰到齐桓公，他的才能可能一辈子都不会发挥出来。百里奚及蹇叔这两个谁都不想要的老人，一生几乎到处碰壁，其实他们也并不是没有知名度，百里奚便颇具贤名，但一直到碰上秦穆公前，这两位能人根本无法一展长才。即使功利主义态度强硬的商鞅，仍然见弃于当时强大的魏国，魏惠王虽有“尊贤爱才”的美名，却有眼不识商鞅这位盖世天才，以致虽有公叔痤的极力推荐，魏惠王仍然未能重用商鞅，也因而丧失了富国强兵的机会。这说明有“才”而无“识”者，唯有空悲切，郁郁而终也。

如今有很多公司都在慨叹人才短缺，无法招揽能人贤识。其实，社会上人才多的是，问题是识货的管理者太少；而“招”到了，又不懂得“用”。此外，有很多公司都在浪费人才，只会搞“办公室政治”的高手一个个升迁上去，真正在业务工作上有所长的“老黄牛”却得不到重用。这就需要独具慧眼的伯乐加以甄别。

伯乐高超的相马本领，就在于他能在万千的马匹中准确地找到千里驹。而管理者识才能力的高下，主要体现在对潜在人才的发现。善于识别潜在人才，才能称得上伯乐。正因为开发潜在人才有相当大的难度，所以要求管理者具有正确的思想观念、高超的管理才能和良好的道德品质修养。

首先，传统的、世俗的观念影响潜在人才的脱颖而出，因此管理者必须要具备正确的思想方法，要冲破传统的思想观念和偏见的束缚，能够透过出身、地位等外在现象而把握人才的内在本质。在选人用人问题上，不能摆脱习惯势力的影响，思维简单化，是典型的形而上学的思想方法。

其次，管理者自身也要具备高超的才能。高明的管理者，因为自己的才能出众，因而往往能在人才初露端倪的时候，先于他人发现人才的真实本领和发展前途。

齐白石是一代国画大师，他自幼刻苦读书学画，游历了祖国的名山大川，创作了许多美术作品，但最初人们没有认识到他作品的价值。1926 年，北平画界名流组织了一个国画展览会，展览大厅显要处挂满了名家画轴，观者如堵墙。而在一个昏暗角落里挂着齐白石的《双虾图》，虾体透明仿佛潜在水中，长须好像在晃动，栩栩如生，可是标价只有八元。当时北平国立美术学院院长徐悲鸿也来观看画展，发现了这幅作品，口称“杰作”，当即买下。齐白石从此名声大振。徐悲鸿能发现齐白石的重要原因在于他自己就是国画界的一代宗师，自己有本事，才能对别人的本事和潜能产生高度的敏感。才干平庸的管理者，不仅搞不好管理，也难以发现真正的人才。因此，要想在开发人才上有所作为，必须提高管理者自身的素质，增长真才实干。

最后，能否卓有成效地进行人才开发，不仅取决于管理者管理水平的高低，还取决于管理者自身的道德修养。管理者如果私欲膨胀，就会眼界狭窄，抱残守缺，嫉贤妒能。如果为了事业，出于公心，就会视野开阔，冲破条条框框，选贤任能。

孔子说“十室之邑，必有忠信”，这句话包含着一个真理，就是人才的普遍性。人才到处都有，关键在于能否发现和认识。作为一个组织，不能总是立足于外，一味到别处去寻求人才，首先应该立足于内部的挖掘。作为一个组织的管理者，更不能只盯着“远来的和尚”，要多留心自己的周围。金凤凰很可能隐藏在鸡窝里，金盆也可能陷入淤泥里。

不可以貌取人

肤表或不可以论中，望貌或不可以核能。

——（晋）葛洪《抱朴子·博喻》

中国有句俗话，叫“人不可貌相，海水不可斗量”。不能根据外表评价人的品德，不能看相貌估量人的才能；观察外表定是非，不如研究他的思想和他办事的能力如何来得可靠。泰戈尔说得好：“你可以从外表的美来评论一朵花或一只蝴蝶，但不能这样来评价一个人。”管理者在选拔人才的时候，不可以“以貌取人”，而要揭开表面，深入了解人才的真实能力。

管理者在用人的时候，首先要对所用之人有较为全面的了解，这样才能保证用得其所。心理学研究表明，初次接触的双方，首先观察和注意到的是对象的相貌、衣着、谈吐、举止等外在现象，然后自觉或不自觉地根据这些感性材料给对方做出一个初步评价。由于初次接触的时间短，所获得的材料有限，而且都是表面的、感性的材料，因而在判断评价上往往会产生偏差。

应当指出，认知客体是复杂的。在某些人身上，外在与内在有可能得到较为和谐的统一，但在更多情况下，人的外在与内在是不相统一，甚至是矛盾的，金玉其外很可能败絮其中，丑陋的外表之中很可能怀有一颗善良的、智慧的心。所以，如果不深入探究，就很容易看错一个人。

同时，认知主体在认识上的差别性和波动性，也是造成第一印象偏差的重要原因。每个认知主体对客体的认识水平是有差别的，也就是说，每个管理者对人的评价与判断能力是有差别的。由于管理者的智力与非智力能力不尽一致，导致识人、用人能力的差别。有的管理者善于识人用人，有的管理者则拙于此道。同一个人，认知能力也存在着波动性，此时此地的认知能力与彼时彼地的认知能力往往也存在着差异。由于地位、环境、心境的不同，导致对人的认识与评价的程度的差异，即使是具有识人慧眼的管理者，有时对人的认识也难免带有感情色彩。比如有的管理者，见到沉默寡言的下属，就断定此人窝囊；见到穿着讲究的人，就以为此人有纨绔之习；遇到下属未向他打招呼，就以为此人目中无人；遇到犯过错误的下属，就认定此人今后还会犯错误，等等。管理者如果凭这样的第一印象去取舍人才，那是肯定会失误的。

一般来说，对某个人的第一印象好，这个好印象就先入为主，因而对此人的判断，往往是长处多于短处，优点多于缺点；反之，对某人第一印象不佳，以后也就容易忽略此人的许多优点，甚至人为地放大其缺点。心理学上称为晕轮效应。管理者不能成为这种效应的俘虏，而应使自己的思想方法从这种习惯定式中跳出来，力求对人的评价和判断全面深入。为此，应该缓下结论，多加接触和观察，以获得更多的资料，这样做既可以避免能人的流失，也可以避免庸人的混入。对于接触不多的人，管理者要经常自问：是否看到了此人的另一面，自己的所闻是部分还是全部。

过于注重职称与文凭，是管理者常犯的错误。唯职称、文凭为上，却忽视了了解应聘者的实际水平与能力，在不知不觉中走入了职称、文凭误区。中国 IT 界领军人物、阿里巴巴集团董事局主席马云在一次访谈中表示，阿里巴巴现在有两万多名员工，但是他从来没看过任何人的简历。因为简历中虚假的成分太多，念这么多年书，不能证明自己能干什么。他反而很喜欢那种自认为平凡的人，因为这类人愿意去学习，愿意去尝试。马云的这个观点才是深谙“唯才是举”的正确管理思想。

还有些下属的真实意图被外表的假象所掩盖，而形成管理者认识上的错觉，心理学上称为线索偏差。在许多情况下，线索偏差是拘泥于第一印象的，即表面现象所造成的。某些人为了达到个人的目的，对手握权力的人竭尽恭维之能事，抓住有的管理者爱听恭维话的人性弱点，以假象迷惑人，以假话取悦人。

“路遥知马力，日久见人心”，不论是好人还是坏人，高人还是庸人，管理者都应当采取多接触、多观察的做法。古人云：“人固不易知，知人亦不易”。看人，最重要的是弄清其本质、素质，这对于了解下属员工是非常有意义的，也可以说是知人、用人的关键环节。

鉴人不可以偏概全

一流之人，能识一流之善；二流之人，能识二流之美。尽有诸流，则亦能兼达众材。

——（三国）刘劭《人物志·接识》

管理者要想识别人才，自己首先必须是人才，这样才会分辨出谁是人才。能不能识别人才，识别什么样的人才，与识人者的素质关系极大。天下难事千千万，最难的是识人。古往今来，在识人问题上，学派纷陈，观点众多。归纳起来，前人的识人办法有以下几个方面：一是着眼于对人性的基本把握，从真善美的角度来观察人；二是从实践角度以干事的业绩来识别人，看重干部的经历、口碑和形象；三是服务于特殊时期的目标和特殊集团的利益，观之以才，突出才能。

对人才的认识一定要全面，要本着公平公正的原则。所谓知人善任，既要对上等人才加以引导、提拔，也要对下等人才加以勉励和推荐。如果只重视上等人才而忽略下等人才，那么下等人才最终会被埋没；如果偏重于推荐下等人才而忽略上等人才，那么推荐上来的就不是杰出的人才。因此，在品评人才时，顾全了这三个方面，就会对国家和集体都有利。否则，真正的人才就会从此埋没。如果有出类拔萃的人才，大众是无法进行鉴别的。而一般人都靠采纳耳朵听见的情况来评判他人，以为自己的意见就是正确的，这就是很多人在考察人才时常犯的错误。

《资治通鉴·汉纪》上记载：东汉平敌将军庞萌，表面上，其人恭谨谦逊，常与刘秀共商国是，光武帝对他非常信任。光武帝对别人说：

“可以托六尺之孤，寄百命之者，庞萌是也。”由此可见，光武帝刘秀对庞萌的倚重。一次光武帝刘秀命他与虎牙大将军盖延一起攻击海西王董宪。因为诏书只颁给了盖延，庞萌陡生疑心而不自安，于是起兵反叛。刘秀得知后气得几乎发疯，亲统大军讨伐庞萌，于朐县斩之。

“一俊遮百丑”“情人眼里出西施”，这种以点概全，并不能真实地反映一个人的全貌，只有从整体来认识人，才能对一个人有比较全面、深刻、真实的把握和认识。光武帝只凭平时的印象，在考察庞萌的为人上看走了眼。所以，作为一个管理者，首先要有识人的大局观，而不能只凭一己的印象来考察人。

《史记·秦本记》记载：晋献公消灭虞、虢两国，俘虏虞君及其大夫百里奚。晋与秦联姻，以百里奚作为秦穆公夫人的陪嫁臣送入秦国。后来，百里奚逃到楚国宛县，被楚国人抓住做奴隶。穆公知百里奚是个贤人，想用重金去赎，又怕楚国知其身价不给，便降低其身价按照奴隶价格去赎，派人到楚国说：“我的陪嫁臣百里奚在那里，请以五块公羊皮把他赎回来。”楚人便将其囚而送回，这时，百里奚已经是70岁的老人。穆公使人打开枷锁，欢迎他来，并向他请教，二人谈了三天，穆公很高兴，敬佩其才，任之国政，号称“五羖大夫”。

要正确、科学地知人，就必须从整体知人。一要全面地看人，把人各个方面的表现、情况联系起来，从整体上把握人的本质和主流。不可抓住一点，不顾其余，一叶蔽目，不见太山。二是要历史地看人，不但看人的一时一事，更要看人的全部历史和全部工作。三是要发展地看人。人是在实践中不断发展变化的，不可能一成不变，绝不能把人“看死”。要注意人的各方面的动态变化和趋势，看到人的潜力及发展前途。四是要在实践中看人，重在表现。要听其言而观其行，不能听其言而信其行。要特别注意人在关键时刻的表现，疾风知劲草，路遥知马力，烈火识真金。

所以，分辨一个人是不是人才，先要从大局观察，整体全面地审核，再对其定义。

以作为辨人才德

视其所以，观其所由，察其所安。

——《论语·为政第二》

人与人之间需要相互的了解和认识。但人总是会有意无意、或多或少地掩盖、伪饰、包装自己，想要真正认识和了解一个人并不是那么容易的。通过“视、观、察”，层层深入、细致而精微地考察一个人，从行为的动机和居心，到做事的手段和途径，再细致到了解一个人的相关背景资料，才能真正认识一个人。从做事风格就可以看出一个人是否浮躁，或者是否以诚信为本。管理者不能被下属的夸夸其谈所迷惑，也不要错过一个有才能的人。

为世人推崇的曾国藩有一套办事方法，其关键是要做到“五到”，即身到、心到、眼到、手到、口到。所谓身到，就是作为官吏对命案、盗案必须亲自勘验，并亲自到乡村巡视；作为将官就必须亲自巡视营地，亲自察看敌情。心到，就是凡事都要仔细分析它的来龙去脉。起初时的条理，结束时的条理，分析它的头绪，又综合它的类别。眼到，就是要专心地观察人，认真地读公文。手到，就是对人的才能长短、事情的关键所在，勤做笔记，以防止遗忘。口到，就是在命令人做事时虽然已有公文，仍要苦口叮嘱。

以前的贤德之人在用人的时候，内举不避亲，外举不避仇，其心理的光明正大，足以成为百世的楷模。曾国藩推荐左宗棠、弹劾李次青，并不因为个人的恩怨而影响推荐和弹劾，一代名臣的宽广胸怀，自然千古不朽。

春秋时期，齐宣王问孟子：“怎样去识别那些缺乏才能的人而舍弃他呢?”

孟子答道：“国君选拔贤人，如果迫不得已要用新进，就要把卑贱者提拔到尊贵者之上，把疏远的人提拔在亲近的人之上，对这种事能不慎重吗？因此，左右亲近之人都说某人好，不可轻信；众位大夫都说某人好，也不可轻信；全国的人都说某人好，然后去了解，发现他真有才干，再任用他。左右亲近的人都说某人不好，不要听信；众位大夫都说某人不好，也不要听信；全国的人都说某人不好，然后去了解，发现他真不好，再罢免他。左右亲近的人都说某人可杀，不要听信；众位大夫都说某人可杀，也不要听信；全国的人都听说某人可杀，然后去了解，发现他该杀，再杀他。这样，才可以做百姓的父母。”

在识人方面，管仲无疑有他的独到之处。一次，齐桓公征询管仲对朝廷人事安排的意见，管仲说：“升降、揖让、进退礼节的习俗，这方面我不如隰朋，请任命他做大行职位。开垦土地，聚集粮粟，使地利完全发挥，这方面我不如宁敕，请让他担任司田。在平原战场上能让战车驰骋而不乱，战士勇往直前而不退却，擂鼓进军后，三军将士视死如归，这方面我不如王子城父，请授予他大司马之职。审理刑事案件，能不杀无辜，不诬陷无罪之人，这方面我不如宾胥无，请授予他大理之职。敢于冒犯君颜，忠言直谏，不怕砍头，不在富贵权势面前低头，这方面我不如东郭牙，请让他担任大谏之职。”

与管仲齐名的鲍叔牙也有同样的识人之才。

管仲年少时常与鲍叔牙往来，鲍叔牙知道他很有才能。管仲因为家贫，常常骗取鲍叔牙的财物，鲍叔牙却一直好好待他，不提这些事。后来鲍叔牙跟随齐国的公子小白，而管仲跟随了公子纠。等到小白立为齐国国君时，杀了公子纠，管仲也被囚禁起来。鲍叔牙于是向齐桓公推荐管仲。齐桓公重用管仲，让他执掌齐国之政。齐桓公称霸，九次会合天下诸侯，匡扶天下正道，这都是用了管仲之谋。

管仲说：“当初我贫穷时，曾与鲍叔牙一起做买卖，分财利时我常常多占，鲍叔牙却不以此认为我贪，因为他知道我家贫。我曾经为鲍叔牙谋事，结果却使他更窘迫，鲍叔牙不因此认为我这个人很愚蠢，因为他知道时机有时有利有时不利。我曾经几次出仕，却屡次被国君罢免，鲍叔牙不据此认为我无能，因为他知道我没有碰到好时机。我曾几次带兵打仗，即屡战屡败，鲍叔牙不因此以为我这个人胆小，因为他知道我家有老母需要供养。公子纠与小白争位失败后，召忽自杀，我被囚禁起来，忍受侮辱，鲍叔牙不因此认为我这个人不知羞耻，因为他知道我不以小事为耻，而只耻功名不显扬于天下。所以说，生我的是父母，而真正了解我的是鲍叔牙先生。”

鲍叔牙推荐管仲后，他的职位在管仲之下。他的子孙世代都在齐国享受俸禄，其中有封邑的有十多代，子孙中有许多人都成为有名的大夫。相比之下，天下人很少称道管仲之才能而常常称道鲍叔牙有知人之明。

以神情观人内心

存乎人者，莫良于眸子，眸子不能掩其恶。胸中正，则眸子瞭焉，胸中不正，则眸子眊焉。听其言也，观其眸子，人焉廋哉？

——《孟子·离娄上》

行为举止被视为人类的一种无声语言，又称第二语言或副语言。人的行为举止，在日常生活里时刻都在表露着人的思想、情感以及对外界的反映，虽然它可能是自觉的，也可能是不自觉的。在日常生活中人的身体呈现出多种姿势，不同的姿势有其不同的作用和表现，反映着人的不同心态，同时也会给他人以不同的印象。

同陌生人交谈的最大困难就在于不了解对方，因此同陌生人交谈首先要解决好的问题便是尽快熟悉对方，消除陌生感。你可以设法在短时间里，通过敏锐的观察初步地了解他。他的头部动作、他的眉毛、他的醉酒状态等，都可以给你提供了解他的线索。这一切都会自然地向你坦露关于主人的信息。这对于观察人是十分有利的。

江忠源第一次上门拜见曾国藩，谈话之后，曾国藩告诉身边的人："这个人将来必定名扬天下，但因气节太强烈而不得善终。"十多年后，江忠源果然以战功名扬天下，而在庐州与太平军发生交战时，由于弹尽粮绝而以身殉难。这应验了曾国藩的话是正确的。

又一次，在淮军刚刚建立时，李鸿章带领三个人来拜见曾国藩，正好曾国藩饭后散步回来，李鸿章准备请他接见一下那三个人，曾国藩摆摆手，说不必再见了。李鸿章奇怪地询问为什么，曾国藩说："那个进门后一直没有抬起头来的人，性格谨慎、心地厚道、稳重，将来可做吏部官员；那个表面上恭恭敬敬，却四处张望、左顾右盼的人，是个阳奉阴违的小人，不能重用；那个始终怒目而视、精神抖擞的人，是个义士，可以重用，将来的功名不在你我之下。"那个怒目而视、精神抖擞的人，即后来成为淮军名将的刘铭传。

这两个例子足见曾国藩识人之术的高明。曾国藩识人，重视几句口诀："邪正看眼鼻，真假看嘴唇，功名看器宇，事业看精神，志量看神采，风波看脚跟，如若看条理，全在言语中。"曾国藩又简单地将人分成四等：一等人为长方昂，二等人为稳谨称，三等人为村昏庸，四等人为动忿遁。

曾国藩识人，目的都是选贤任能、发现人才、重用人才，他识人时摒弃了江湖上那种重形轻神、重奇轻常、重术轻理的习俗。他的识人专著《冰鉴》则是重神而兼顾形，重常而辨别奇，重理而指导术，从整体出发，就相论人，就神论人，从静态中把握人的本质，从动态中观察人的归宿。

讲究均衡与对称，相称与相合，中和与适度，和谐与协调，主次与取舍等。《冰鉴》道出了人的神情之别，对管理者识人之性情有很大帮助。如：

一个人的精神状态，主要集中在他的眼睛里；一个人的骨骼丰俊，主要集中在他的面孔上，像工人、农民、商人、军士等各类人员，既要看他们的内在精神状态，又要考察他们的体势情态。作为以文为主的读书人，主要看他们的精神状态和骨骼丰俊与否。精神和骨骼就像两扇大门，命运就像深藏于内心的各种宝藏物品，察看人们的精神和骨骼，就相当于去打开两扇大门。门打开之后，自然可以发现里面的宝藏物品，而测知人的气质了。两扇大门——精神和骨骼，是识人的第一要诀。

古之医家、文人、养生者在研究、观察人的“神”时，都把“神”分为清纯与浑浊两种类型。“神”的清纯与浑浊是比较容易区别的，但因为清纯又有奸邪与忠直之分，这奸邪与忠直则不容易分辨。要考察一个人是奸邪还是忠直，应先看他处于动静两种状态下的表现。双眼处于静态之时，目光清明沉稳，旁若无人；处于动态之时，目光暗藏杀机，锋芒外露，宛如瞄准目标，一发中的，待弦而发。以上两种神情，澄明清澈，属于纯正的神情。两眼处于静态的时候，目光有如萤虫之光，微弱闪烁不定；处于动态的时候，目光有如流动之水，虽然澄清却游移不定。以上两种目光，一是善于伪饰的神情，一是奸心内萌的神情。两眼处于静态的时候，目光似睡非睡，似醒非醒；处于动态的时候，目光总是像惊鹿一样惶惶不安。

以上两种目光，一则是有智有能而不循正道的神情，一则是深谋图巧而又怕别人窥见他的内心的神情。具有前两种神情者多是有瑕疵之辈，具有后两种神情者则是含而不发之人，都属于奸邪神情。可是它们都混杂在清纯的神情之中，这是观神时必须仔细加以辨别的。

总之，我们在与他人的交往中，别人给我们留下的最直观的印象就是他们的姿态。无论是坐、走、站立，都呈现出不同的姿态。著名人类学家霍尔教授告诫人们：一个成功的交际者不但需要理解他人的有声语言，更重要的是能够观察他人的无声信号，并且能够在不同场合中正确使用这种信号。

所以，如果你想真正了解一个人的真实情绪，就要关注对方的动作，而不是他的表情。一个经验老到的人可以做出虚假的表情，来迷惑面前的人。但是，控制情绪容易，控制自己的行为却是很难的。因此，通过一个人的非语言行为看人，也是一种不错的识人方法。

压力之下现真才

路不险则无以知马之良，任不重则无以知人之德。

——（三国）徐干《中论》

竞争条件越是恶劣，越能看出一个人的品德和才干。在人才培养上，管理者应注意多用艰苦的环境去磨炼人。人的潜力和能力大多是被担子压出来的，“压担子”是培养人才、加快成长的重要途径。

清朝时，杭州有个商人叫石建，他认为经商依靠的是天时、地利、人和，而在这三者之中，又以人和最为重要。于是，当他决定扩大经营规模时，首先想到的是招聘一位好帮手。怎样才能找到理想中的人选呢？石建想了一个妙招。他先贴出一张布告，说明本店招收徒弟，并列举了具体条件。经过一番考察，石建确定了三个面试对象。到了面试这天，三位候选人一进门，石建便安排他们到厨房去吃饭，然后再面谈决定谁留下。

当第一个面试者饭后来到店前时，石建问他："吃好了没有？"回答说："吃饱了。"又问："吃的什么饭？"回答说："饺子。"再问："吃了多少个？"回答说："一大碗。"石建说："你先休息一会儿。"

第二个面试者来到了店前，石建问："吃了多少饺子？"回答说："40 个。"石建也叫这个人到旁边休息一会儿。

当石建以同样的问题考问第三个面试者时，他这样回答："第一个人吃了 50 个，第二个人吃了 40 个，我吃了 30 个。"听了这番回答，石建当场拍板，第三个人留下。

石建为什么要留下第三个人呢？他认为第一个人头脑不灵，只管吃，不计数；第二个人只记自己，不管他人；唯有第三个人，既知自己，又能注意观察别人，而这一点正是生意人必须具备的眼观六路耳听八方的潜能。果然，第三个人被雇用后精明能干，有头脑会经营，很快成了石建的得力助手。

联想集团是我国最大的计算机产业集团。和每个企业的成长历史相类似，联想集团也经历了从初创、成长到成熟的几个发展阶段。

随着联想集团发展规模越来越大，联想管理层也越来越认识到人才的作用，于是他们积极为那些肯努力上进并肯为之奋斗的年轻人搭建一层施展才华的舞台。

联想大量提拔和使用年轻人，几乎每年都有数十名年轻人受到提拔和重用。联想对管理者提出的口号是："你不会授权于人，你将不会被重用；你不会提拔别人，你将不会被提拔。"

联想有一个制度，自 1994 年起，每个新年度的三四月间都要进行组织机构和业务结构的重新调整。在调整过程中，管理模式和人员都会有很大的变化。之所以做这番调整，联想决策层就是希望为员工提供尽可能多的竞争机会，在工作上崭露头角的人才能脱颖而出，而那些故步自封、跟不上时代变化的人就会被淘汰。

识别人才对管理者来说十分重要，那么如何更高效地识别人才呢？答案就是“有序竞争”。

首先，要为人才提供合适的岗位，让他们充分发挥自己的才能。其次，要为人才安排一连串有挑战性的工作。人才不能乱哄哄挤成一团，必须引导他们有序公平竞争，需要向有才能的同事和上司学习。最后，要建立一套较为科学的绩效考核和奖励评估系统。

对有发展潜力的下属，要大胆给他们压担子，使其在压力下成长，在实践中磨炼，在新的工作环境中释放潜能，通过一定的实践，不断总结经验，提高自己，以逐渐成长为一个优秀的员工。压担子不仅要加量适度，而且要先重后轻。在员工成长的初期，要有意识地把他们放在矛盾最复杂、问题最突出和困难最集中的地方，安排一些时间紧、任务重、要求高、难度大的具体性、执行性工作任务，促使其在复杂的环境中磨炼意志，砥砺品质，增长才干，切实增强他们居安思危的忧患意识、遇事不惊的应变能力和统筹兼顾的决策水平。

识破下属的欺瞒

治本在得人，得人在慎举，慎举在核真。

——（北宋）司马光《资治通鉴》

人才犹如冰山，浮于水面者仅30%，沉于水低者达70%。因此，识别人才一定要使使“放大镜”，用用“望远镜”，这样才能合理地使用人才。

俗话说，百闻不如一见。就是指耳闻之不如目见。所以，知人特别强调和讲究知人的艺术，知人不能光凭耳朵听，还要用眼睛看。齐威王时期的即墨大夫，自从到即墨之后，勤于理政，公正廉洁，使那里五谷丰登，百姓安居乐业，没有什么官司之类的事情发生。就是这样的一位即墨大夫，齐威王左右的人却不断地在齐威王面前讲他的坏话。齐威王没有听信这些坏话，派人到即墨那里了解情况，发现他左右的人之所以讲即墨大夫的坏话，是因为即墨大夫没有给他左右的人送礼求情。于是，他加封了即墨大夫的官爵。

管理者如果对人多怀有疑心，那么，形形色色的离间术就会趁虚而入。离间术能扩大他人之间的分歧，或加深误会，或编选谎言、制造矛盾、破坏他人团结。离间术的目的就是抑人扬己、损人利己。作为管理者，在对下属产生怀疑时，一定要警惕离间术乘虚而入。

“来说是非者，便是是非人。”对离间术的破译方法是，要建立在对怀疑对象的行为特征进行综合分析的基础之上，既不能盲目猜疑，又不可掉以轻心，不能抱着“宁可信其有，不可信其无”的态度，而是要让事实来说话。

另有一个阿大夫，到阿地之后，整日花天酒地，不理政事，使那里田地荒芜，民不聊生。赵攻鄄，他不去救；卫取薛陵，他竟不晓得此事。就是这样的一个阿大夫，齐威王左右的人却经常在齐威王面前讲他的好话。齐威王也没有听信这些好话，派人到阿地做了解，知道了其中的奥秘。于是召见了阿大夫，对阿大夫说："自从你到了阿地之后，天天有人讲你的好话，可实际情况并不是这样，可见你必是送了些礼物给我手下的人，让他们尽在我耳边讲你的好话！"接着，就把阿大夫和夸过阿大夫的那几位手下都杀了。这一来，齐威王手下的臣子个个既惊又怕，再也不敢谎报情况了。齐国的兴盛强大与此不无关系。

上面这两个故事告诉人们这样一个道理：人讲话是有其目的性的。管理者身居高位，对下情不可能事事清楚，他需要别人提供情况。管理者为官一任，最可怕的是被蒙蔽而听不到真切的声音。进耳之言，究竟可靠与否，还是需要调查研究的。齐威王能从被毁者中看出好人，从被誉者中找出坏人，不被谎报"军情"的小人所欺骗，就是因为他搞了调查研究，弄清了产生坏话和好话的原因。

千百年的经验告诉管理者，目见之不如足践之，这是千真万确的。人的眼睛识人可能会因种种原因产生某些错觉。所以，要从根本上知人，只有通过实践，实践出真知。既要识人，就要重在其实践，通过实践看其表现如何。日常生活中，一些人可以用花言巧语去骗人，但要用其实践去掩盖自己的虚伪面目是很难的，虽然假动作也可以骗人于一时，但不可能骗人一世。随着事物的不断发展，其真面目终将暴露。实践将说明真的就是真的，假的就是假的。

在历史上，不能够识破下属的欺骗行为，而错误地以己观人，以己心观他心，以个人的经历、常识、观点、内心思想为标准、为参照来判断他人的思想活动，这样的教训也是很多的。

北魏节闵帝时期，尔朱荣把持朝政，另一个大臣贺欢带兵攻打尔朱荣，以清理君侧为名博得人心，聚集了正面力量，最后功成，杀了尔朱荣一家。尔朱荣的弟弟尔朱世隆在外省为将，招兵买马，准备报仇雪恨。他的一个部将叫房骝，当时任青州刺史，是一员猛将，对尔朱氏一家一向忠心耿耿。他招集部下，欲割手臂上的血为盟，尽心尽力地去帮助尔朱世隆。都督冯绍基是房骝的助手，深得房骝的信任。他对房骝献计说："现在天下大乱，人心不齐，要表现真诚之心，应该冒着严寒，割心前之血为盟，岂不是更能得天下人之心?"房骝是个血性之人、直肠子，将心比心，认为这个主意很好，就招集所有部下和当地老百姓，当着众人的面，在冰天雪地里，赤裸着上身，气壮声雄地叫冯绍基动手。看着冯绍基微微发抖的手，房骝禁不住笑了，骂道："他奶奶个熊，抖个啥子！快动手，老子冷着呢!"冯绍基一鼓劲，举刀割房骝胸前时，出乎意料地轻轻一推，就把房骝杀死了，带着人马投奔节闵帝。

可见，管理者如果没有完全认识下属对整体的影响是十分可怕的，这将导致整个集体的失败。

人才要发现也要培养

善政不如善教之得民也。

——《孟子·尽心上》

千军易得，一将难求。领导者必须善于培养和发现优秀人才，为我所用。但是人才的成长都有一个过程，因此培养储备人才也是管理工作的重中之重。思想上引导下属、在组织内部培养下属，才能在企业发展壮大过程中不断获得独当一面的人才，使团队建设进入一个良性发展的态势。注重开发和培养自己所需的优秀人才，才能在关键时刻大有作为。

打造一支特别能战斗、与企业同心同德的员工队伍是企业管理层必须首先解决的重要问题。员工培养一定要有系统性，从整体上设计规划，切忌头痛医头、脚痛医脚。

实践中，能够对症下药的员工培训已经算是有所作为的了，现实中还有不少企业老板是根本不重视也不愿意花钱去培训员工，企业走哪算哪，短期来看可能不会有影响，但总有一天老板会发现有潜力、有想法的员工逐渐离去，企业发展也因此受到冲击。

好的企业应该是和员工一起成长的，给员工压担子没关系，关键是要给员工成长的空间，尤其是在人才储备上舍得投入。只有员工感觉舒心了，工作才会更用心。

阿基米德曾经说过："给我一个支点，我就能撬动整个地球。"对于企业而言，这个支点便是"员工"。目前很多企业已经认识到人才培育与企业发展间密不可分的关系，舍得对员工的大脑进行投资。但高昂的培训支出怎样才能收到应有的效果呢？

事实上，要企业的培养体系真正发挥作用，需要管理者的配合。部门主管是本部门的首席人才培养经理，作为主管，必须有人才培养意识和水平，同时要调整好自己的角色。

有一家汽车品牌4S店，经理是一位有数年修车经验的师傅，技能上无可挑剔，而且他只要看到从未修过的车型就非常想要去修好它。因此，只要新车要修理，他就一头钻进车底，而他店内的四个徒弟都在旁边看报纸，有时候递递茶水，但根本就没有学到什么。这是一个常见的例子，虽然这位经理的技能很高，但他不是一位好的管理者。

其实作为"师傅"，教徒弟时肯定都会考虑到一个问题"教会徒弟，饿死师傅"，而如何解决这个问题就需要在企业制度上下手，通过

"机制与授权"保障管理者的角色，并通过"师傅带徒弟"的形式建立相应的标准、培养和管理制度，以便进一步建立起有效的人才培养队伍。

在建立人才培养制度时，除了可建立新员工入职培训制度、员工异动或晋升培训制度、师傅带徒弟制度外，还可以"专业力"和"与企业的一致性"为坐标，把企业的员工归为两类，分门别类到不同的培养机制中去。

一类是专业力差，与企业一致性强的"仓促上阵"型员工。这类员工通常是从别的部门调到任职部门的空降部队，对于现部门的工作不熟悉，但对企业认同度高、忠心耿耿。这种仓促上阵的干部失败的概率很高，出现这种状况可以归咎到他的原领导，在安排调动前没有安排相关的培训。对于这种员工，通常最好在调岗前一个月为调岗的干部安排相关的培训，加强该员工对新岗位的把握和认识，不要让其仓促上阵。

另一类值得注意的是"专业力"和"与企业的一致性"都较差的"自顾不暇"型员工。这类员工一般与公司高层有关系，对这类员工的培训就要花一点心思。例如某企业生产部新入职的副经理是董事长的亲戚，于是经理给这位新下属安排了"标杆企业考察"这种培训内容，通过到标杆企业考察，让他意识到其他企业的不同，进而实施改变。这种方法比直接提意见的效果要好得多。

不少人力资源经理都会遇到同一个问题，就是做培训时，生产、销售部的经理不配合，认为培训会浪费时间。实际上，对于培训是否重视取决于企业管理者，只有大家都意识到"磨刀不误砍柴工"的道理，充分重视员工培训，才能使企业的人力资源获得最大程度的增长。

3

第三章
举才用贤

位列战国四大名将之首的武安君白起曾对秦昭襄王说："非成业难，得贤难；非得贤难，用之难；非用之难，任之难。"

作为成熟的管理者，识人用人并不难，难的是真正放开手脚使用贤才。因此，管理者用人要有胆量，做到求才若渴，视野开阔，不拘一格，因人而用，这样才能使各类人才在其位谋某事，施其能展其才，放开手脚，大胆工作。这样人才就有了用武之地，管理者才能有所成就。

为政之要，唯在得人

> 为政之要，唯在得人，用非其才，必难致治。
>
> ——（唐）吴兢《贞观政要》

领导力，说到底就是用人的能力。“用金银总有尽时，用人才坐拥天下”，学会任何一种学问，只能利用一种资源，而学会用人才、能够利用人才，才能去征服、利用万物。用人之法，一本而万利；用人之法，一劳而永逸。无论偏才、奇才、小人、君子、忠臣、奸臣，各有其用，则物有所值，事有所安。天下大事，在谈笑间一手搞定，岂不快哉！管理，说到底，一是谋略，二是用人。水平更高的管理者，连谋略都不必放在心中，只要用对人就行了。

企业要善于分清主次，分清主流和支流，大胆起用人才中的拔尖者。企业用人还应有所差别。什么样的人才做什么类型的事，千万不可张冠李戴。懂管理的将他请进办公室，懂生产的将他请上流水线。只有做到各就其位，各谋其职，企业的各项工作才会有条不紊地展开，人才也不至于被埋没。

选取合适的人才，怎样使其才能全面地发挥出来，就要根据企业的自身情况而言。通过各种途径网罗人才，在这方面，微软公司就为我们树立了典范。

在微软公司刚成立初期，比尔·盖茨、保罗·艾伦以及其他的高级技术人员亲自对每一位候选人进行面试。现在，微软用同样的办法招聘程序经理、软件开发员、测试工程师、产品经理、客户支持工程师和用户培训人员。微软公司每年为招聘人才大约走访50多所美国大学。招聘人员既去名牌大学，同时也留心地方院校以及国外学校。

1991年，微软公司人事部成员为了雇用2000名职员，走访了137所大学，查阅了12万份履历，7400人参加考试。年轻人在进入微软公司工作之前，在校园内就要经过反复的考核。他们要花费一天的时间，接受至少四位来自不同部门职员的面试。而且在下一轮面试开始之前，前面一位主试人会把应试者的详细情况和建议通过电子通信方式传给下一位主试人。有希望的候选人还要回到微软公司总部进行复试。微软公司通过这些手段，网罗了许多全国技术、市场和管理方面最优秀的年轻人才，为微软赢来了很高的声誉，在各大学里树立了良好的形象。

微软公司总部的面试工作全部由产品职能部门的人员承担，开发员承担招收开发员的面试工作，测试员就承担招收测试员的全部面试工作，以此类推。面试交谈的目的在于抽象判定一个人的智力水平，而不仅仅是看候选人知道多少编码或测试的知识，或者有没有市场营销的特殊专长。微软面试中有不少有名的问题。比如，求职者会被问及美国有多少个加油站。求职者无须说出数字，但只要想到美国有上千万人口，每四个人有一辆汽车，每500辆车有一个加油站，他就会推知大约有125000个加油站。估计出美国加油站的数目，被面试者的答案通常不重要，而看重的是他们分析问题的方法。更为具体地讲，总部层次的招聘是通过“让各部门专家自行定义其技术专长并负责人员招聘”的方法来进行。例如程序部门中经验丰富的程序经理，就从以下两个方面来定义合格的程序经理人选：一方面，他们要完全热衷于制造软件产品，一般应具有设计方面强烈的兴趣以及计算机编程的专业知识，或熟悉计算机编程；另一方面，他们能专心致志地自始至终地关注产品制造的全过程，他们总是善于从所有想到的方面来考虑存在的问题，并且帮助别人从他们没有想到的角度来考虑问题。又如对于开发员的招聘，经验丰富的开发员寻找那些熟练C语言的程序员，还要求候选人不仅具备一般逻辑能力，同时还要能够在巨大的压力之下仍然保持良好的工作状态。

在对每一位被面试者作出严格要求的同时，微软还要求每一位面试者准备一份候选人的书面评估报告。由于有许多人会阅读这些报告，所以面试者常常感到来自同事间很强大的压力，他们必须对每一个候选人做一次彻底的面试，并写出一份详细优质的书面报告。这样，能通过最后筛选的人员相对就比较少。例如在大学招收开发员时，微软通常仅仅选其中的10%～15%去复试，最后仅雇用复试人员的2%～3%。正是这样一套严格的筛选程序，使得微软集中了比世界任何地方都要多的高级计算机人才，他们以其才智、技能和商业头脑闻名，也是公司长足发展的原动力。

在商战中，人才的运用极为关键，稍不加以注意就有可能物极必反。如果企业的管理者不能保证人尽其才，那么最好的办法是让人才心情舒畅地离开，否则将会给你的企业埋下巨大的隐患。

但遗憾的是，在现实生活中，许多管理者都是“始重恩而终于怨”，初次见面大家都有“相见恨晚”的感觉，似乎彼此都是寻觅已久的心中的“她”，但结果，常常“怨恨分手”甚至反目成仇。这其中有利益的原因，也有管理者度量的问题。有许多管理者都希望员工对自己“愚忠”，凡事只要服从，其实这是管理者的虚荣心在作怪。员工是属于社会的人才，管理者与员工之间不存在人身依附的关系，管理者在潜意识里不应该把员工当成自己永久的私有财产。

人分三六九等，用人者须量其才华而用之，因材任职，人尽其才。一个萝卜一个坑。就像古人所说：“熟识韬略者，让他运筹帷幄，勇猛无畏者，让他持刀杀敌，位能匹配，相得益彰。”

知人亦需善用

有贤而不知，一不祥；知而不用，二不祥；用而不任，三不祥。

——《晏子春秋·内篇·谏下》

古代中国人认为，国家的治乱关键在于国君，国君首要的是用人。用人得当，方法正确，国家就会大治；反之，国家就会大乱。不管是治理国家，还是开公司、办企业，其实用人的精神、根源、内容和步骤都是相似的。

当然，在人力资源管理中，用人也许是最让管理者们头疼的一个环节，而恰恰正是这个环节左右着企业的命运。但是，作为一个人力资源管理者，不管是老员工，还是从一线员工提拔起来的，在企业里总会面对各种各样的员工，有的是刚刚走出校门的应届大学生，也有升迁潜力巨大的有能力者，甚至还有辈分比较老的老员工。如何用其所长，使其能力得到最大化地发挥呢？对于管理者而言，其中很重要的一点就是知人善用。

商界名家柳传志曾经说过："领导人物好比是1，后面跟1个0是10，跟2个0是100，跟3个0是1000。"打一个不太准确的比喻，一个刚组建的小机构需要萧何、韩信、张良这样的杰出人才，而一个已具规模的单位更需要刘邦的知人善用。

"百智之首，知人为上；百谋之尊，知时为先；预知成败，功业可立。"这是成功乃至成大事者的必要条件。

所谓知人，就是善于了解人，有知人之明；所谓知时，就是善于洞察世事，能够掌握做出决断的条件；所谓知成败，就是能够根据上述两个方面，对军事、政治等各个方面的发展变化作出预测，并同时为取得最好结果而积极准备。

人才是事业的根本，是最宝贵的资源，如何选拔优秀的人才，已是组织生存发展的决定因素。

现代社会的竞争，无论是技术竞争、市场竞争、信息竞争、资源竞争，说到底也都是人才的竞争。要想在激烈的竞争中求生存、图发展，广泛地拥有各方面的人才是至关重要的。人才问题不仅关系到一个企业、一个部门的生存发展，也关系到一个国家的盛衰存亡。斯大林曾经说过："人才、干部是世界上所有宝贵的资本中最有决定意义的资本。"我国经济领域流行这样一个口号："时间就是金钱，效率就是生命，信息就是资源，人才就是资本。"20 世纪 30 年代初，美国深感知识、人才的重要，除在本国加速人才培养外，还大量地从国外引进科技人才。这些人才对美国的科技和经济的发展起了决定性的作用，最终使美国成为世界头号经济强国。第二次世界大战后，日本能够在一片废墟上使经济迅速腾飞，重要的原因就是自明治维新开始就重视人才的培养。实践证明凡是在竞争中立于不败之地的企业，肯定都拥有一批出色的技术和管理人才。因此，现代管理者必须有强烈的求才欲望。

所谓人才，是指依靠创造性劳动做出较大贡献或具有较大贡献"潜力"的人，是人群中的精华。这样的人自然不多，往往淹没在广大的人群之中，发现并不容易。特别是在现代化大生产条件下，社会分工精细，许多人才往往潜心于研究、学习，不善于交往，不引人注意。一部分人才特别是知识造诣很深的人，不喜欢抛头露面、炫耀自己，还有一部分人才恃才傲物，不趋炎附势，甚至对管理者敬而远之。上述的各种表现确实是不可避免的客观存在，因此管理者若不进行深入调查、求访，人才是不会轻易被发现的。

不仅如此，作为管理者，知人善任是最起码的要求。懂得用眼睛所见来纠正耳朵所闻的讹误。而不善于了解人的管理者，却用耳朵所闻来代替眼睛所见的事实。过去人们在评论人才时，要是一人说好，大家都说好，要是一人说不好，大家也都说不好，这样得出的结论未必真实可信。

知人是对人才实施科学管理的重要环节，知人是做到人尽其才、才尽其用的必不可少的环节，同时也是激励人才奋发进取的有效措施。

总之，人才资源是使公司能有效运转的最关键的因素，是公司重要的资产，他们是公司最重要的组成部分。关心他们、爱护他们、尊重他们是企业管理的重要部分。只有他们得到了保障才会全身心地投入到工作中去。现代管理者得益于贤才，使事业获得成功的事例是很多的。

人才是企业的命脉。企业间的竞争，从本质上说，是人才的竞争。选拔人才、使用人才是企业管理者最重要的大事之一，它关系到企业的兴衰成败。

在科学技术飞速发展的今天，人才的重要性日益显著，任何组织的管理者如果没有对人才的需求欲望，恐怕很难有所作为。缺少求才的欲望，势必压制、埋没人才，使组织缺乏生气，职工积极性受挫。缺少求才欲望，容易任人唯亲，使组织内庸才成堆、人浮于事、是非滋生、效率不佳。管理者缺少求才欲望，往往嫉贤妒能，其结果只能是决策经常失误，经营处处碰壁。

人力资源是企业的最大资源。企业的生存和发展，归根结底是靠人才的支撑，企业的利润来源于人力资源的最大的发挥，众多成功的企业在其千差万别的理由中，都有一条最基本的因素，那就是有效的人才资源的开发。

由此可见，优秀的管理者不仅懂得知人、识人，更懂得善用人才。

识人、知人让我们寻找到合适的人才，善用让我们留住适合的人才。知人兼善用，则企业人才济济、产出优良、上下同心，企业业绩高歌猛进不在话下。善用人才的核心是用其所长、容其所短。天天盯住其短板、找毛病，人才何以甘心让你使用？管理者没有胸怀，必定不容人所短。用人所长，天下处处是人才；用人所短，无下无可用之人才。识人、善用是为管理之道。

德才兼具，堪称人才

才者，德之资也。德者，才之帅也。

——（北宋）司马光《资治通鉴》

企业在用人时，德才兼备是一条首先要考虑的原则，一个只有才能的人是远远不够的，很难想象，一个道德败坏的人身居高位能带领企业走向成功。所以，在选拔重用人才时，才能不可不虑，但德行、人品则应居其一。有才无德不能得人心，所谓“贤人”其实就是德才兼备的人。

现代的世界是瞬息万变的，每天都有无数的新现象、新知识、新事物。一位诗人说我们现在生活的社会是“网”，一张无边无际、大得难以想象的网。每一个人在这张网中都显得是无比的渺小，只是其中一个节点，甚至连节点都算不上。

而每个人的成功都有一条规律，就是他必定借助了其他人的力量，也许是现有的成果，也许是共同的思考，也许是“微不足道”的服务，总之，“一个篱笆三个桩，一个好汉三个帮”。

品德是内在的结果在外部的表现，也是认识一个人的重要途径。在现代社会，很多大公司考虑吸纳新人时，都先从德开始。一个无德有才的人是不会给公司带来好处的，从公司的长远发展来看，这种人是不可取的。

德才兼备是全世界无数组织千百年来都遵循的价值观、人才观，其本质是要求员工的一切行为都要做到有德、有才，两者兼备。

重德轻才，往往是理想主义，追求完美，觉得天下无好人；重才轻德，往往是实用主义，感到天下无英才。所以，要德才统一，德才兼备。品德与才能的轻重取舍，应当两利相权取其重，两害相权取其轻。德才兼备的原则是一条很重要的用人原则。坚持德才兼备，就是将德与才看成是一个完整的统一体，不能割裂，不可偏废。离开德，就失去了方向；没有才，德就成了空洞之物。

在坚持德才兼备的前提下，应注重对员工德的考察。用人问题，关系到事业盛衰。历代开明之士都十分注意用人时把德放在首位。魏徵说："今欲求人，必须审访其行，若知其善然后用之。设令此人不能济事，只是才力不济，不为大害，误用恶人，假令强干，为害极多，但乱世惟求其才，不顾其行。太平之时，必须才行俱兼，始可任用。"这里所说的"行"与"善"和德是同一个意思。历史经验说明，有德的人有了才，就能干出更多的好事；坏人有了才，将会干出更多更大的坏事。所以，用人时先看其德，后观其才。否则纵有精明头脑和超人才能，也是不能委以重任的，因为任用这样的人，只能得不偿失。

用人先观其德，后观其才。"道德常常能填补智慧的缺陷，而智慧永远填补不了道德的缺陷"，才与德是不可相互替代的。

选才不拘一格

用人不限资品，但择有材。

——（北宋）欧阳修《论学士不可令中书差除札子》

古人云："用人不限资品，但择有材。"即主张使用人应该不局限于资格、官阶级别，只要是有才能的人就选择。资历、级别、门第，都不过是表面的印记，不能说资历深、官阶大、门第高，其人必有才能。资历深浅，虽在衡量其人所从事的工作熟悉与否时可供参考，但不能说工作久了其才必高。官阶高的原因颇多，有的是靠言己才能上升，而有的则因朝中有人，或善于献媚得宠而爬上高位。不能说出于名门必有才，所谓"虎父无犬子"只是自夸。在古代，显贵之家称"高门"，卑庶之家称"寒门"，这不过是有势者自高其家门以压人，它与人的才能高低毫无关系。因此，以资历、级别、门第论人，则难于知人，如此用人，必然多用庸才，将会失去人才。

大唐盛世的出现与唐代前期几位君主懂得大胆提拔人才有很大关系。比如女皇武则天称帝之时，徐敬业起兵于江南反对武氏代唐，诗人骆宾王为其撰写了讨武檄文。武则天阅后，对骆宾王的文采大加赞美，称"这么有才的人不能被朝廷所用，实在是宰相之过"。

唐太宗李世民用人之道在中国帝王中也是很突出的，他用人不拘一格，广泛吸收人才。包括敌对集团的人才在李世民征战时也吸收，如李密、王世允、窦建德集团的人才，此外，还吸收了瓦岗军的徐茂公、秦叔宝、程咬金等；在攻破刘武周时吸收了尉迟敬德；在攻破窦建德集团时，吸收了张玄素等；在消灭李建成集团时，吸收了魏徵等人。

从隋朝灭亡到唐朝建立，从李渊到李世民登基，这中间有一个过渡。李世民为了政局稳定，不仅使用了隋朝的旧臣，对李渊集团的人才也恰当安排，予以重用。

李世民用人不避亲仇。长孙无忌是李世民的妻舅，在玄武门事变中立下大功，理当封高官，但是，历来外戚掌权会被众人攻击，因此，长孙皇后和长孙无忌为了避嫌，再三请求当一个空头官儿。可是，长孙无忌确有宰相之才，李世民用人不避亲，遂任命他为宰相。

最重要的是，李世民用人，不计较出身和经历，他选用了隋朝显贵旧臣，也提拔了张玄素、孙伏加等小县吏为朝中大臣。贞观五年，李世民令文武百官上书发表自己的见解。中郎常何上书，写了20多条，条条有理有据，很有水平。常何是个武夫，素无学问，李世民便询问常何。常何老实地供出不是自己写的，是他的一个客人——穷苦潦倒的书生马周写的。李世民立即召见马周，对马周的学问十分赏识，将他一步步地提升到中书令。

大胆任用，大胆提升，这是公司成功的重要条件。论资排辈的现象，在很多公司的管理者头脑中根深蒂固。这种腐朽思想严重影响了公司对优秀人才的选拔。企业一批又一批的招聘，人才一个又一个的流失，员工因为得不到重用而心灰意懒地离开，企业因为周而复始的招聘而耗资巨大。大胆起用优秀的人才，一是可以避免人才的流失；二是可以激发企业的活力，可谓一举两得。

“我劝天公重抖擞，不拘一格降人才”，大胆聘用、提升，这样才能打破公司暮气沉沉的氛围，使公司迈向繁荣。

筑巢引凤，招揽贤才

开其道路，察而用之；尊其位，重其禄，显其名，则天下之士骚然举足而至矣。

——（西汉）刘向《说苑·君道》

人才的重要性是不言而喻的，而如何才能招聘到理想的优秀人才却是困扰诸多管理者的一个重大问题。三国时，许攸是袁绍帐下的得力谋士之一。官渡之战中，许攸截获曹操筹办粮草的书信，于是建议袁绍星夜袭击许昌、官渡。但袁绍生性多疑，刚愎自用，认为曹操诡计多端，此催粮书信乃诱敌之计。又因许攸与曹操少年时曾为好友，袁绍更是怀疑许攸暗通曹操。许攸感叹袁绍不足为谋，更加上同为谋士的审配谗言加害，于是转投到曹操的门下，帮助曹操打败袁绍。

后人有诗叹曰："本初豪气盖中华，官渡相持枉叹嗟。若使许攸谋见用，山河争得属曹家?"可见，人才的招募是管理工作能否成功的先决条件。

要想招募到合格的人才，管理者必须了解为什么会出现"人往高处走"的现象。

一般而言，人往往将能运用所学知识、充分发挥自己才干作为选择工作岗位、判断工作价值的基本前提。一个人一旦发现自己掌握的知识无法在岗位的工作中加以运用或体现出来，他会深感痛苦，甚至会有虚度时光之感，这种感觉将强烈刺激人才使之流动、重新选择，这是人才流动最基本的一种心理特征。

人的能力有大有小，这已是众所周知的事实。而心理学的研究进一步显示人才的能力有不同能级的差异。在人才市场中，时时可见这样的情形：一些人才在原单位或岗位的工作十分出色，深得上司与同事好评，其工作氛围与条件也都不错，但令人不解的是，他们却毅然决然舍弃这一切，进入市场，重新应聘。这究竟是为什么呢？实际上心理学关于能力级差研究已揭示了其原因：对思维活跃、能力较强的人才来说，他们不会满足于在一般或较低能力层次的岗位发挥才能，而渴望在较高能力的岗位上显示自己，不断接受新挑战才是其理想的追求。这是心理健康而健全的表现，也是合理的人才的流动。

随着市场竞争日趋激烈，人们的观念不断更新，出于发挥潜能心理而期望流动者也逐渐增多，其共同特征亦很明显：他们所学的专业与所在单位（岗位）性质一般不存在不对口的情形，但由于单位专业人才过多或是种种其他原因，致使他们无法或不愿发挥自己全部才能（尤其是潜能）；而他们在新的单位或岗位上显示的才能又常常令熟悉他们的人大为惊讶。这一事实表明，人作为高级有机生命体，其具有的潜能是十分巨大的。因此，管理者应当重视人才的发挥潜能心理，珍惜人才，重用人才。

近年来，以寻求和谐人际关系环境为出发点的人才流动呈增长趋势，流动者的流动指向十分明确：唯求人际关系和谐，其他均可降格以求。他们将人际关系和谐与宽松的工作环境作为选择的首要条件，这与心理学研究所指出的“和谐融洽的人际关系与工作环境，不仅可以极大地提高工作效率，而且可以使工作更富成效”完全一致。这一心理是人的天性的自然显现，在现代社会中更为突出。

在激烈的人才竞争中，有时可以发现这样一种有趣的现象，即人才流动的原因竟是出自寻求与自身性格、气质，乃至兴趣爱好相符的心理。以公司营销人员为例，反应灵敏、口齿伶俐、善于交往、吃苦耐劳、百折不挠是这一岗位的基本要求。如果让一个性格内向、不善言辞、羞于交往的人去从事这一工作，他不仅很难适应，而且会产生一种痛苦感，但是让他去从事与其性格、气质较为相符的工作，如财务会计、专业研究、内勤管理等，则有可能干得很出色。

人的一种基本心理，近年来，也成为人才流动的一个重要原因。从这种流动现象中，可以归纳出其较为相似的特征：他们由于自身性格或是其他“说不清道不明”的原因，尽管专业水平与工作能力均不差，但在原单位始终得不到应有的任用与尊重，心情较为压抑，久而久之，自尊心理促使他们下定决心，进入人才市场，企盼能选择一个工作与能力得到充分肯定、自我价值得到充分显现的岗位。

正是由于不同心理的驱使，使得人才流动加快，而正确认识与掌握人才流动的心理特征，对于管理者有十分重要的意义。

所谓“良禽择木而栖”，在招聘中以诚相见是至关重要的。招聘人才的目的是使用其才能以实现公司目标。因此，在招聘过程中应尽可能地让应聘者了解各方面的情况。比如，单位的优势与劣势、长项与短项、困难与前景、存在问题与解决办法等，摆在应聘者面前，让其品评、权衡。同时应如实告知应聘后将会从事哪些方面的工作，得到哪些进修学习机会和生活福利条件，对其成长和发展提供哪些帮助等。

在招聘中，面对人才提出的要求，招聘人员应根据组织的能力实事求是地予以解答、介绍，而不作轻易地承诺。实事求是的承诺是一个组织有信心、有能力、有前途的表现。对人才提出的要求，凡是能办到的，应果断表示可办；若有的一时难以办到，则可根据组织发展的情况，给人才一个明确的时间界限，这样便可吸引人才、留住人才，使人才深感温暖和希望，愿意和组织同舟共济，而不至于因某些条件暂不具备而另作选择。

在招聘人才的过程中，管理者还应该适当运用施恩心理策略。在招聘中，常常会发现人才有各种各样的需要。招聘单位知道后，应根据其需要实现的可能性，帮助人才解决一些实际困难，这会深得人才的感激。尤其是长期未获解决的难题，招聘单位一旦解决了，会使人才产生一种“士为知已者死”的感人效果，他会以十倍的努力来报答组织的恩惠。实践表明，这种施恩心理策略还会产生连锁反应与宣传效应。

引才需不吝厚赏

礼赏不倦，则士争死。

——无名氏《军谶》

“21 世纪，最珍贵的是人才”，这一观点越来越被广为接受。作为一名管理者，应该投资员工，以便获得长期收益，应该不断保有人才，并不断挖掘人才的潜力。

可是，很多管理者却没有了解这一点，他们是想尽办法降低费用，以提高利润。员工的薪水也是费用的一部分，因此，也应将其降至尽可能低的水平。然而，不论你用多么美妙的语言来表达对他们的赞赏，不论你为他们提供多么有益的培训，不论你为他们勾画出多么诱人的“大饼”，在众人看来，往往是薪水的多少决定了他们价值的大小。

胡雪岩筹办阜康钱庄之初，急需一个得力的档手。经过一番考察，决定聘用刘庆生。这刘庆生原先只是大源钱庄一个站柜台的伙计，身份很低，但对本行本业非常熟悉，且具有很强的应变能力，是个不可多得的人才。为此，在钱庄还没有开业，资金周转都没到位的时候，胡雪岩就决定给刘庆生一年二百两银子的薪水，还不包括年终的“花红”，而且决定之后就预付了一年的工资。当时杭州城内，保持每顿荤素都有、冬夏绸布皆备的生活水准，一个八口之家一个月吃穿住的全部花费也不过十几两银子。刘庆生原先当伙计时的收入每月不到二两银子，不用说，胡雪岩一年二百两的银子，真是高薪聘请了。胡雪岩的这一慷慨，也着实厉害。

首先，他一下子就打动了刘庆生的心。当他气派地将二百两银子的预付薪水拿出来的时候，刘庆生一下子便激动不已，他对胡雪岩说："胡先生，你这样子待人，说实话，我听都没听说过。铜钱、银子用得完，大家是一颗心。胡先生你吩咐好了，怎么说怎么好?"这意味着胡雪岩的银钱一下子就买下了刘庆生的一颗忠心。

其次，胡雪岩的慷慨也一下子安定了刘庆生的心。正如胡雪岩为刘庆生打算的，有了这一年二百两银子，可以将留在家乡的高堂妻儿接来杭州，上可孝敬于父母，下可尽责于儿女，这样也就再无后顾之忧，自然也就能倾尽全力地照顾钱庄生意了。而且，手里有了钱，心思可以定了，脑筋也就活了，想法自然就高明了。

显然，就是此一慷慨，胡雪岩便得到了一个确实有能力，也的确是忠心耿耿的帮手，阜康钱庄的具体营运，他几乎可以完全放手了。

在激烈的商业竞争时代，为了提高生产力，你必须善于激励员工，必须慷慨大方，而不能让员工时时感觉到你在拼命地克扣和压榨他们。当然，对于什么样才是慷慨，每个员工的想法各不相同，所以我们也无法准确划分出慷慨与吝啬的界限。

当然，这种慷慨也不可能是讨价还价之事。当你付出时，不应当期待任何回报。而事实上，你会因此得到更多的回报。如果你对员工付之以慷慨，他们会表现得比你更加慷慨。当然少数员工可能会利用你慷慨之便，但你很快就会知道这一点，并且相应作些处理。

因此，作为管理者，应该毫不犹豫，该花给员工的就得花费出去。如果过于计较这些费用，并将这些费用转嫁到公司头上时，员工们迟早会发现这一点，并认为你极不真诚。

作为管理者，牺牲一点自己的费用也许极为值得，这也是你向员工作反馈的一种机会，而且你将因此得到更多的回报。尽管你花费的比较多，但毫无疑问的是，员工们在你的激励之下会拼命地工作，最终你会得到更多的回报。

用人于商场搏战就是用人给自己挣钱，别人给你挣来大钱，而你却不肯付以重酬，你的诚意又从何显示呢？而以经营效益为付酬多寡的依据，则更是一种不能待人以诚的做法。因为，第一，以效益好坏为付酬多寡的依据，实质上是以自己所得的多寡来决定别人所得的多寡，这本身就给人一种你仅仅以自己利益为出发点的印象，难以待人以诚；第二，经营效益的好坏，原因可能是多方面的，如市场的好坏以及你作为管理者决策的正确与否，都将是影响经营好坏的直接原因。因此，以效益为付酬依据，不可避免地会将那些不为人力所左右的客观因素或自己决策失误造成的损失转嫁到雇员身上，这就更谈不上待人以诚了。

当然，我们也不可否认，如今有很多公司都在哀叹人才短缺、无法招揽人才。其实，社会"人才"并不缺少，问题是"识货"的人太少，而"招"到了，又不懂得"用"。一方面，很多公司都在浪费人才，吹捧虚拍的人，一个一个升职上去，赚得盆满钵满，"小人"得志的情况很多；另一方面，有"才"者还要懂得"自我推销"，如果不懂得自我推销，在当今这个复杂的社会中，焉能伸展抱负呢？

所以，经营者只要能把有用的人才留下，就不怕企业暂时的亏损。而留住人才的方法很多，薪酬激励虽然不是最好的方法，但却是一个非常重要、最易被人接受的方法，它有利于员工队伍的稳定，更有利于促进事业的发展。

用人需职能相称

不知人之短，不知人之长，不知人长中之短，不知人短中之长，则不可以用人。

——（清）魏源《默觚下·治篇七》

每个人都感觉能发挥自身优势是一件快乐的事情，而修正自己的缺点却是痛苦的，尤其是在他人的敦促、批评下。管理者希望员工改正缺点，无论初衷如何，都是一个“你对我错”的局面，极容易形成对立、对抗，员工不可能快乐。所以，管理者最好的方式不是修正员工的缺点，而是发挥员工的优势。

道家在用人上要求管理者必须“因材质而用众”，做到“人得其宜，物得其安”，以免造成人才的浪费。彼得·德鲁克认为，所谓“管理的弱者”，就是“仅能见人之短而不能识人之长，因而刻意避其所短，而非着眼于发挥其所长”。作为管理者，不仅要设计出合理的组织形式，使员工的长处得到发挥，又可以使其短处所带来的不利影响减少到最低程度，同时还要发挥和发现每个人的长处，容忍他人的短处，这是管理者做到卓有成效的基础。

用员工所长而不拘泥于其短，德鲁克的这个观点与宋代的苏轼不谋而合。苏轼在《应制举上两制书》中说：“人各有才，才各有大小。大者安其大而无忽于小，小者乐其小而无慕于大。是以各适其用而不丧其所长。”正是这种管理哲学的深刻阐释。

正泰集团股份有限公司董事长南存辉在《制胜之道在人才》这篇

文章中说："用人求专不求全。金无足赤，人无完人。一个人很全面当然好，但现实中却很难得到。在实际工作中，我们只能根据需要，选择某一方面有专长的人，而非完人、全才。重要的是对有专长的人使用得当，即所谓好钢用在刀刃上。管理者必须根据不同岗位，选择不同类型、不同层次的人才。"

先看一个人的长处，就能使其充分施展才能，实现他的价值；先看一个人的短处，长处和优势就容易被掩盖和忽视。因此，看人应首先看他能胜任什么工作，而不应千方百计挑毛病。《水浒传》中的时迁，偷鸡摸狗成性，短处非常突出，然而他飞檐走壁的功夫非常突出，在梁山好汉中首屈一指。当他上了梁山，被梁山的环境所改造，他的长处就被派上了用场。在一系列重大的军事行动上，军师吴用都对他委以重任，完成了"盗取雁翎甲""打探曾头市""火烧宝严寺"等任务，成了这些军事行动成功的重要砝码。由此可见，对人，即使是对毛病很多的人，首先要看到他的长处，才能把他的才干充分利用起来。

造房的木匠师傅伐木，专选又直又大的树木，因为他们要的是栋梁之材。而一个搞工艺美术的大师，则对那些奇形怪状的"歪脖子树"情有独钟，因为那正是做木雕、根雕艺术的理想材料。同样的道理，不同的人有不同的职业倾向、职业习惯，进而决定了他们不同的职业定位。当职业定位与个人的职业特长相吻合时，这个人的工作热情就高，工作起来效率也高；反之，如果职业定位与个人的职业特长相违，不仅员工的工作热情低、工作效率低，还会影响团队的整体效率，其实质是一种资源的浪费。因此对于管理者来说，如何合理地配置使用人才，使之最大限度地发挥效力是对管理者专业素质的考核。明代正德年间的翰林修撰吕柟在《泾野子》中讲了这样一个故事：

某人有五个儿子，可惜都有残缺。老大木呆呆，老二鬼精灵，老三瞎眼，老四驼背，老五腿瘸。可老父亲并没有嫌弃他们，反而给他们安排了各自的任务：让老大去务农，安心于面朝黄土背朝天；让老二去做生意，一心琢磨着只占便宜不吃亏；让老三去算卦，打扮起来很像模像样；让老四去搓麻绳，整天低头弯腰不知累；让老五纺线织布，坐在织机前不用经常走动。结果他的五个儿子各自发挥了特长，都能安身立命，不愁生计。

这位聪明的父亲也是高明的管理者，他懂得因才施用的道理，从几个孩子的特殊性出发，注意扬长避短，甚至做到巧用短处，避短扬长，发挥了各自的作用。正如清人顾嗣协《杂兴》诗中所云："骏马能历险，犁田不如牛；坚车能载重，渡河不如舟；舍长以就短，智者难为谋；生才贵适用，慎勿多苛求。"

《孙子兵法》云："善战者，求之于势，不责于人，故能择人而任势。"管理者的重要职责之一，就是如何把下属的长处发挥出来，把人的能力和潜能都充分发挥和调动起来：让爱吹毛求疵的人去当质量检查员，让谨小慎微的人去当安全监督员，让争强好胜的人去完成突击性的任务。这样做肯定会收到良好的效果。在人才使用上，不要抱怨没有能人，人各有其才，就看如何使用。看似缺才少智的人，如用得其所，就成了人才。看似才华横溢的人，如果使用不当，也成不了人才。

所以，成功的管理者就要能够用人之长，避人之短；求人求实，不求其全。德才兼备，是管理者考察人才常说的话。以此为条件，考察可用人才是应该的，但在实际用人当中如果僵化地坚持这种条件，这样的管理者就是愚蠢的。当然，这并不是说人才可以无德无行，而是对人才的议论评说应该客观看待，公正处之。纵观古今中外，有作为的管理者无一不是用人之长者。正如北宋思想家李觏说的那样："人莫不有才，才莫不可用。才取其长，用当其宜，则天下之士皆吾臂指也。"只有做到用人所长，职能相称，才能使员工施展才智，实现价值。

裁汰不能胜任之人

力弱者勿任其厚负，才卑者勿尸其隆位。

——（北宋）黄晞《聱隅子·三王篇》

管理者观察人才要有一个顺序，就是先看其长处后看其短处，不能颠倒过来。一些人容易出现的错误就是先看短处，后看长处。先看长处，则“天涯何处无芳草”，处处是人才；先看短处，则“天下乌鸦一般黑”，到处没人才。

美国学者库克提出了一种称作“人才创造周期”的理论，认为人才的创造力在一个工作岗位上呈现出一个由低到高、到达巅峰后又逐渐衰落的过程，其创造力高峰期可维持3～5年。人才创造周期可分为摸索期、发展期、滞留期和下滑期四个阶段。库克认为，在下滑期到来之前适时变换工作岗位，才能发挥人才的最佳效益。

后来库克的理论被许多研究成果所证明。在苏联，高尔基市对市内五家机器厂的110个车间进行了详尽调查，对生产效果进行了科学分析，结果是，绝大多数车间完成国家下达指标的情况与车间主任的任期有关。新的车间主任头4年的劳动生产率和产量增长最快，任职5～7年后，多数车间主任得过且过、马马虎虎，而且老车间主任一般是主张用增加工人和设备的办法提高生产率。管理者必须采取措施解决任期过长的问题。

美国著名企业家克莱斯勒汽车公司总裁艾柯卡曾两次被免职。艾柯卡1978年任职于克莱斯勒公司，用了3年时间把公司从破产边缘挽救过来，创造了辉煌的业绩，从此名声大振。但是到了 1989 年第四季度，即在相隔 7 年之后，公司再度出现亏损。这之后企业陷入困境，连续出现巨额亏损，公司人心涣散，巨头相继离去。艾柯卡无回天之力，被赶下台。有人认为，艾柯卡在总裁位置干得太久了，这样弊多利少。连任多年，势必在公司内部产生不满。还有人认为，艾柯卡从福特公司带到克莱斯勒公司的几员干将，也因长期在其手下工作而失去忠于公司的精神。这是艾柯卡造成的"两难"局面：一方面，他由于缺乏管理能力，公司难以让他继续留任部门经理；另一方面，公司又不希望这么优秀的人离开。

既然是问题就要解决，如何才能做到"既撤换了他的职位，又让他安心工作"呢？下面的这些方法值得管理者们借鉴。

首先，设置工作考察期。为了做到人事变动的谨慎和平稳，当发现某部门经理不能胜任本职工作的时候，不要忙于做撤换的决定，而是应该有一个工作考察期。

在工作考察期中，管理者有目的地交给部门经理几个工作任务，这些工作任务的内容、目标、所授权力等非常明确（管理者最好有书面记录），以便对该部门经理的岗位工作能力进行客观的考察。

如果部门经理能比较顺利地完成这些工作，则说明部门经理具备本岗位的工作能力，管理者原先对部门经理的评价有误，工作考察期可以结束。如果部门经理无法顺利地完成这些任务，管理者就应该与部门经理就这些任务的进展情况和工作方法进行沟通，以此来掌握无法顺利完成任务的真正原因。当然，部门经理有可能将原因归结为客观原因，这就需要管理者进行认真的分析，判断出问题的真正症结所在。如果确实属于客观原因，管理者应该将工作考察期适度延长，继续安排工作任务，进行工作能力考察。如果属于岗位能力原因，管理者就要权衡：是进行培养，还是进行撤换。

如果决定撤换，管理者就需要开始选择继任者，并安排继任者以

"部门经理助理"或其他身份协助部门经理工作一段时间，熟悉工作环境和工作内容。与此同时，管理者应该认真地考虑一下如何挽留将被撤换的部门经理。

其次，制订平衡措施。员工适合什么新岗位？这个新岗位是否适合他？能否将新岗位设置成与部门经理平级的岗位？他的待遇是否应该降低？这些问题都是必须考虑的。

不论怎样，降低他的待遇就是意味着让他辞职。所以，管理者不应轻易地去调低他的待遇。为了挽留人才，管理者可以适当地提升他的待遇，以表彰他在任部门经理期间为公司做的贡献。

最后，做好撤换面谈工作。虽然已经制订了平衡措施，但撤换面谈不会就此而变得轻松。面谈的地点选择管理者本人的办公室为宜，面谈期间尽量不要有外人打搅。

在开始面谈的时候，管理者可以让部门经理先谈谈自己的工作，包括工作中的困难和感受。管理者可以引导部门经理一起探讨部门工作中的失误，最后让部门经理自己感觉到自己的特长不在该岗位上。管理者可以从部门经理前途出发，阐明自己对部门经理新的岗位安排，并征求部门经理的意见。

如果部门经理欣然同意，再好不过；如果他很犹豫，可以让他再考虑几天，不必当场表态。一般而言，只要管理者诚恳地与部门经理沟通，都会妥善地解决这些问题，并且不会影响他对公司的看法。

在此岗位被淘汰下来的员工，并不意味着没有工作能力，有可能是在该岗位工作时间过长而无法突破或并不适合该岗位，管理者应扬长避短，听取其意见，为其安排新的工作，如果此人实在无能，则再做辞退打算。

避免人才流失

良匠无弃材，明主无弃士。

——（唐）李世民《帝范》

优秀的管理者可以发挥下属员工的全部能力，同时也让员工愿意为自己卖力，这就是“良匠无弃材，明主无弃士”的精髓所在。而不好的管理者则因为种种问题，使员工不愿意出力，甚至“另投明主”。因此，避免人才流失是古往今来优秀管理者都会重视的问题，失败的管理者也往往会输在“人才流失”上。

范增是秦末著名政治家，是项羽的主要谋士，立过很多功劳，项羽尊称他为“亚父”。范增劝项羽杀掉刘邦，还在鸿门宴上安排项庄行刺，但是没有成功。项羽怀有“妇人之仁”，又受了刘邦的贿赂，就把刘邦放跑了。刘邦采纳陈平的反间计，离间范增和项羽的关系。项羽中计，以为范增勾结刘邦，就夺走了范增的兵权。范增大怒，要求告老回乡，项羽想也没想就同意了。结果范增病死在归乡路上，项羽的军队也越来越衰弱了。

一个好的员工对组织来说无疑是非常重要的。在当前知识经济时代，一个好的员工所拥有的智慧和能力是组织的一种资源，而且已被人们看成一种战略性的资源，成为决定一个企业兴衰成败的关键性因素。

一个组织的管理主要有四个对象，即：人、物、财、信息，后三者又需要由人去管理和操作。人是行为的主体，可以说人的管理工作是企业管理的核心。人力资源管理的战略性作用十分突出，当一个组织失去一个好的员工，特别是失去一个高级人才或核心人才时，组织的当家人会感到痛惜。员工的流失会影响到组织的稳定性，还可能带走组织的客户和技术秘密，给组织造成难以估量的损失，甚至于因为技术秘密和客户的流失而使组织的核心竞争力难以形成，使组织在市场竞争中处于被动地位。

员工的流失分为显性流失和隐性流失。一个员工因心里不满而辞去工作，这种事实上的失去，即是显性流失；若员工虽心里不满，但是他并没有选择离开，而是采取消极怠工的方式继续留在原工作岗位上，失去了一个员工在该岗位上本应产生的作用，这即是隐性流失。这种隐性流失的不利影响常常是组织看不到的，因而它的破坏性比显性流失更大。

导致员工高流失率有许多原因，例如企业的凝聚力不强、员工的满意度不高、员工对企业不信任、认同度不高、来自工作中的压力过大、工作环境不好等都可能导致员工的离职。

通过对员工流失原因的分析可以得知，员工的离职很大程度上是员工对企业的满意度不高、企业自身的凝聚力不强引起的。针对这些原因，可以有的放矢地提出一些管理策略。当然适当的薪酬是基础和保证，但是培养并加强员工对组织的归属感，获得员工公众的认同和信赖也是不可缺少的重要环节。用加强员工“内部公关”的方法增加组织的凝聚力，就如同“金手铐”一般。一旦员工心里戴上了这把“金手铐”，就会让他们难生杂念，实实在在为企业服务。

加强员工内部公关，就是强调积极的激励，即充分运用现代的激励政策，发挥员工的积极性和创造性，建立员工与企业之间的新型忠诚的关系。

传统的企业与员工的关系是雇用和被雇用的关系，在这种关系下，虽然企业一直强调员工应具有主人翁的精神，但事实上，这个主人翁的地位很难被员工在思想上加以肯定，他们始终认为自己处于从属地位，因此很难对员工产生有效的激励。只有树立企业与员工是合作伙伴的理念，才真正肯定了员工在企业中的主人翁地位，从而让员工感受到企业的认可与尊重，就能够对员工产生持久的激励效应。

有许多企业只会用人，缺乏合理的培训机制去开发人才，所以即使是好人才，用到一定时候也会精疲力竭。所以管理者还应该为员工提供培训升迁的机会。人们都有追求知识的更新、追求自我完善和超越、在流动中实现增值的需求。某些员工比较重视自身价值的实现，重视自身知识的获取与提高，他们追求终身就业能力而非终身就业饭碗。为了更新知识，他们渴望获得教育和培训的机会，因此他们希望到更多更优秀的企业去获得新的知识与经验，实现个人能力的增值。这个特征使得这类员工本身就有较高的流动意愿。他们想尝试新的工作以培养其他方面的特长，在流动中实现其个人价值。因此，建立合理有效的培训升迁机制，迎合这些员工的心理，满足他们的发展要求，就可以减少员工流失的可能性。

员工对“令人讨厌的上司”产生强烈的不满，也是其辞职的一个重要原因。许多人的离职并不是因为薪金的欠缺，他们是因为有一个事事都要管到底的上司，这让他们的才华得不到施展，从而觉得“干这样的工作没有成就感”。他们被束手束脚，感觉到自身的本事被浪费，感觉到自己没有被重视，因而觉得委屈，虽然一时委曲求全，但他们最终会决定跳槽。

所以管理者要学会充分授权，以“上君尽人之智”的姿态给员工以充分发挥的空间。有些管理者表面上将工作交由下属全权处理，可心里却是放心不下，在工作过程中多加干涉，或者给予员工过多的建议和想法，员工仅获得形式上的授权，而事实上却是创意处处受限，无法发挥。其实，通过完全授权的方式，不仅可以训练员工处理问题的应变能力，而且可以将员工创意潜能激发出来，同时也是对员工信赖的表现，这种做法会使员工感受到企业的尊重与重视，有助于建立企业内的信赖关系。

4

第四章 团队协作

《江表传》记载，孙权与众臣议事，说：“能用众力，则无敌于天下矣；能用众智，则无畏于圣人矣。”

“团队协作”是管理一个组织必不可少的手段。从社会资源来看，企业间不同员工不断进行重复劳动，使得社会资源无法整合，这对于整个企业来说，是一种浪费。只有不同员工间不断进行人力资源整合，才能使得员工之间的竞争力得到提高，促使企业更快地成长。

集众人之力为团队

以众人之力起事者，无不成也。

——《管子·形势解》

任何管理者都不是“光杆司令”，在他手下必须要有各式各样的人，组成一个团队，才能发挥管理者的管理作用。汉高祖刘邦曾问群臣：“吾何以得天下？”群臣回答皆不得要领。刘邦说：“我之所以有今天，得力于三个人——运筹帷幄之中，决胜千里之外，吾不如张良；镇守国家，安抚百姓，不断供给军粮，吾不如萧何；率百万之众，战必胜，攻必取，吾不如韩信。三位皆人杰，吾能用之，此吾所以取天下者也。”善于识人、用人的刘邦正是因为组建了一支强大的团队，才战胜了个人能力比自己强的项羽。

团队是一个介于组织与个人之间的人群结合体，是为了达到共同的特定目标，由两个以上的人所组成的相互依赖、相互作用的人群结构。团队并不是个体的简单集合，几个人偶然坐在火车上邻近的座位上，几十个人在海滨游泳戏水，都不能称为团队。团队是指在共同目标的基础上，由两个以上的人所组成的相互依存、相互作用的有机组合体。

完成组织的任务，实现组织的目标，是一个团队的基本功能。作为一个团队，只能在活动中生存，而它的活动就是为了完成组织的任务。团队是一个由若干人组织起来的有机组合体，它具有单个人进行活动时所没有的优越性，成员之间为了共同的奋斗目标互相协作、互采所长、互补不足，使团队产生巨大的动力，促使活动顺利进行，圆满地完成任务。

同时，团队还可以满足其成员的多种需要。比如作为一个个体，只有当他属于团队时，才能免于孤独和恐惧感，获得心理上的安全感。团队又是一个社会的构成物，在团队中，人们的社会需求可以得到满足。团队给人提供了相互交往的机会，通过交往，可以促进人际间的信任和合作，并在交往中获得友谊、关怀、支持和帮助。在团队中，随着团队活动成功的增长，成员的成就也得到了相应的满足，并从成就感中勃发出新的动力。与成就感相伴随的，还有人们自尊的需求。而在团队中，各人有各人的位置，处于不同位置的人都会彼此尊重，所以说，每个人在团队中的自身活动，都是满足自尊的一种最好的形式。

在满足需求的基础上使成员产生自信心和力量感，这是团队活动的动力来源。团队的两大功能之所以能充分发挥，是和团队有其强大的动力源泉分不开的。作为一个团队，它往往是一方面表现出自己的能量；另一方面，也就积蓄着供自己活动的动力。只有这样，团队才是一个健康的团队。在日常生活中，有些团队之所以由盛到衰，很大程度上是因为团队自己不再拥有“造血”的功能。

从参加团队的人员特征而言，可以把团队分为平面团队和立体团队。所谓平面团队，是指参加这一团队的人员，在年龄特征上、知识结构上、能力层次上及专业水平上，基本上大同小异，属于同一类型。这样的团队，活动比较单一，服务面也比较窄。而立体团队，则是由相差较大的成员所组成。他们虽有差异，但却各有所长，这既可以做到各具优势，又可以进行相互弥补，使团队成为一个可以进行复杂活动而且服务面也非常宽的团队。这种团队有着强大的活力。由于人员素质好，各具所长，所以，当活动需要转向时，立体团队很容易就能转过去，而且很快就能站住脚。

中国人最重视集体主义精神。集体是团队高度发展的产物，也是进行管理的根本出发点。集体具有三大特征：

第一，集体是人们为了达到社会赞许的某个目标而形成的联合体。

第二，这种联合体具有自愿的性质。但这里所说的“自愿性”，不能理解为形成集体的自发性，因为团队不单是由外部情况“给定”的，对参加团队的个体来说，它已经成为一种在共同活动基础上积极建立的关系体系。集体的重要特点是它的整体性，这表现在集体总是作为有组织、有职能分工、有一定的领导和管理机构的某种活动体系而表现出来的。

第三，集体是成员间相互关系的一种特殊形式。这种形式保证个性的发展遵循着一项原则，即个性的发展不违背集体的发展，而随着集体的发展而发展。

在集体中，成员之间不仅有着共同的目标、共同的活动和利益，而且彼此之间联系密切，具有鲜明的组织性和心理上的相容性，集体成员不仅认识到团队活动对个人和本团队的利益，还要认识到对整体社会的利益。真正的团队应兼顾个人、集体和整个社会的利益。当个人利益、集体利益与国家利益发生矛盾时，能使个人、集体利益服从国家利益。

并非任何团队都能称为集体，只有团队的成员具有集体主义精神，或至少在多数人具有集体主义精神时，才能称之为真正意义上的集体。

加强团队凝聚力

> 万人操弓，共射一招，招无不中。
>
> ——《吕氏春秋·孟春纪》

团队的力量很多时候不是取决于团队人数的多少，而是取决于团队的凝聚力。没有凝聚力的团队，即使规模再大，也是一群乌合之众。唐玄宗至德二年（公元757年）张巡率领不到七千人的残兵在睢阳对抗安庆绪的十几万叛军。张巡手下虽然人少，但是上下一心，士气高昂；叛军虽然人多，但是夹杂其中的突厥、奚等部族军队各有心思，军心不稳。结果张巡坚守睢阳十个月，前后四百余战，竟然歼灭叛军12万人，成为平定安史之乱的转折点。

所谓团队的凝聚力，是指团队成员留存在团队之内的吸引力，即成员在团队内部活动和拒绝离开的吸引力，通常表现为成员对团队的向心力。团队对成员的吸引力，在组织管理心理学中称为凝聚力。

在日常生活中，我们时常看到，有的团队成员之间互相抵制、戒备，关系紧张，力量聚集不到一起，不能很好地完成任务；有的团队成员之间的意见比较一致，关系也较融洽，相互配合，工作进行顺利。也有的团队成员之间亲密无间，配合默契，视团队的荣辱为自己的荣辱，团队有着强大的活动动力。

团队凝聚力的重要性是显而易见的。它不仅是维持团队存在的必要条件，而且也是增强团队功能、实现团队目标不可缺少的条件。一个团队如果失去了凝聚力，则是一盘散沙，很难维持下去，更不可能完成组织赋予它的任务，这样的团队即使名义上存在，但也失去了存在的意义。

团队凝聚力的大小受到很多因素的影响。团队内部的一致性是影响团队凝聚力最主要的因素。团队内部的一致性是指团队成员之间的相似性程度，包括成员的需要、动机、信念、兴趣、认识水平，等等。一般来说，成员之间的一致性越高，团队成员之间配合越默契，态度也越一致，凝聚力也越高。但有时也会因工作性质相似，造成团队内的竞争，致使凝聚力降低。

当团队受到外界作用时，会增强团队成员相互间的价值观念，使成员自觉地结合在一起一致对外，由此提高团队的凝聚力。此外，为了在团队竞争中取胜，也能使团队成员保持一致，增强团队的凝聚力。所以说团队外部的压力也会影响团队凝聚力。

在团队中，管理者采用不同的领导方式，也会有不同的凝聚力。心理学研究结果表明，“民主型”领导方式团队比其他团队成员之间更亲近、思想更活跃、活动更积极、凝聚力更高。

大量的研究表明团队内的奖励方式和目标结构也会影响团队凝聚力，其中以个人和团队相结合的奖励方式最有利于增强团队的凝聚力。工作任务和目标结构也影响凝聚力，如果团队成员的目标任务互不相关，就容易降低凝聚力；相反，把个人和团队的目标有机地结合起来，就会增强团队意识和凝聚力。

作为一个团队，如果规模太大，人们就不能直接接触，也很少能进行心理上的沟通，这样就无凝聚力可言。但规模太小，又会对完成活动不利。所以，一般来说，团队的规模在5～9人为最佳。这既能保证团队的工作机能，又能维持团队的凝聚力。

此外，团队的地位、团队的信息沟通以及团队的心理气氛均影响团队的凝聚力。

那么，如何来提高团队凝聚力呢?

首先，必须为团队规划一个共同的远景展望。团队远景就是团队的发展和前途，是团队行为的根本目标，是团队所有人员信心的基础来源。看得到远方的灯火，脚下的路才开始坚实。船队出海，若没有目标地航行，各路船只就要迷失方向、四散漂流。所谓道不同不相为谋，期望不同、展望不同就谈不上凝聚。团队应该依靠成员的价值观和团队的核心价值观统一起来，确保把成员的积极性激活，才能真正实现成员为团队的前程团结一致、全力以赴地去努力。同时，要将团队成败的利害关系与团队成员产生直接联系。许多企业都采取让员工直接参股的方式，以此来密切员工与企业的关系，从而增强团队的凝聚力，提高生产效益。

其次，应该提高团队的忧患意识，增强团队的竞争性，要争做该行业的“领头羊”。将内部矛盾化解转移为外部矛盾，就可减小内部矛盾产生的机会，而使团队内部出现“一致对外”的局面。在这种情况下，往往能增强团队的凝聚力和自信心。

团队的管理者，其领导方式应具有个人魅力。管理者是团队的核心力量，他的一言一行都可能对团队产生影响。与其说一支团队能够团结在某个管理者身边，不如说这支团队是齐聚在某种人格魅力麾下。作为团队的管理者，首先要把管理的目光投向自己，不间断地规范自己、完善自己和超越自己。

再次，要加强团队内部的信息沟通和交流，密切团队成员之间的关系。一个团结的团队内部成员间的交流与沟通是非常必要的，团队成员间的交流和沟通可以加强团队的一致性，密切相互间的关系，从而达到增强团队凝聚力的作用。

最后，管理者必须注意保持团队的“清洁”。肿瘤最可怕之处在于它不断地扩散。我们常常看到一些原本优秀的团队，由于少数不安分成员的存在，变得面目全非。心理学家称之为“团队垃圾现象”。任何团队都无力保证永远只吸纳德才兼备者入围，“垃圾”的滋生难以避免，而能否迅速地清除“垃圾”就成了团队成败的制约因素。企业用人之道，宜以德为本，对待个人主义、消极思想者，可及时警告，加以诱导。仍不能促其矫正，则予以淘汰。而对待拥有不良品质者，则立刻开除出队伍，绝不可姑息。

管理者要树立权威

发号施令，在乎必行。

——（北宋）包拯《论星变》

管理者树立权威的目的不是满足自己的虚荣心，而是通过增强员工的服从性提高团队的效率。如果管理者发号施令，下属却不去执行，无疑会造成管理的失败。

周幽王是公元前 8 世纪周朝的最后一个君王。他当政的时候昏庸无道，不管理国家，特别宠爱妃子褒姒，可是褒姒却很少露出笑容。有个叫虢石父的人给幽王出了个主意，让他带褒姒到骊山的烽火台，点燃烽火。各地的诸侯看到烽火，以为国都受到进攻，纷纷率领军队前来救援，却看见周幽王正和妃子在高台上饮酒作乐，才知道自己被愚弄了，只能悻悻地率领军队返回。

后来周幽王想立褒姒为皇后，废掉了皇后和太子，皇后的父亲申国国君发兵攻打周朝。周幽王赶紧下令点燃烽火召唤诸侯。可是诸侯们已经不再相信周幽王了，任凭烽火不断，就是没有一个诸侯前来救援。很快，周朝的国都就被攻破了，周幽王被乱箭射死，就这样周朝灭亡了。

任何团队由接受任务、确立目标开始，通过一定的组织机构和联系方式，作用于客观环境，最后实现目标。管理者与被管理者的对立统一是管理者活动的最基本矛盾。团队的成员对该团队管理者的服从，是完全必要的。只有这样，才能步调一致，提高团队效力。对管理者的服从，可以使团队在其统一指挥下成为一个有机的整体，达到全体成员方向明确、步调一致、齐心合力，为实现共同目标而努力。反之，如果不服从管理者的安排、调节、指挥，团队就会成为一盘散沙，群龙无首，政出多门，各行其是，就无法达到目标。特别是在紧急情况下，团队成员无条件地服从管理者的统一命令和指挥，就显得特别重要，有些事瞬息变化，如不及时行动，就会错失良机，造成损失。只有抓住时机，迅速果断地行动，才能取得圆满的效果。

服从分为绝对服从和相对服从。绝对服从强调的原则是个人服从组织，少数服从多数，下级服从上级，局部服从整体。个人有不同意见，允许保留，但在行动上不准有任何异样表现，只能坚决服从。相对服从是出于相互模仿、暗示、顺从的心理使认识接近或趋同形成的服从。

由于管理者行使权力和发挥领导活动的方式不同，会使团队产生不同的气氛，从而影响团队成员的行为以及团队的生产效率。

在管理者专制型团队中，各成员攻击性言行显著，而且表现出对管理者服从或引人注目的行为多。在遇到挫折时，则彼此推卸责任，或互相进行人身攻击，而且在平时工作中的工作动机大大降低，从而使成员对团队的满意感降低。在领导民主型团队中，则恰恰相反，该种群众成员以工作为中心，内部彼此比较友好。

当然，一个管理者该如何让团队成员服从于自己的领导呢？

管理者要使员工服从，必须具有权威。权威的核心是威望。一个管理者有权不等于有权威。权威是管理者以自己的德才行动赢得的。那么如何建立权威呢？这就需要在德、才、信和情上下功夫。

德是管理者必备的基本素质，也是建立权威的基础。德的范围较大，基本有两方面构成：一是道德品质高尚，具有良好的道德修养，在社会、单位或家庭都表现出高尚的道德情操；二是思想作风好，为人正派，表里如一，言行一致，平等待人，作风民主，平易近人，谦虚谨慎，不盛气凌人，不夸夸其谈，不自高自大等。德不是抽象的，而是具体地体现在管理者的一言一行之中的，员工正是通过你的一言一行来观察你的。

才是指才干、实践经验、知识状况、完成任务的能力等。一般来说，要管理别人，必须胜过别人，这样才能对别人有所帮助，为人所服气。

信即信用，即古人讲的言必信，行必果。比如春秋战国时，秦国的商鞅在秦孝公的支持下主持变法。为了树立威信，商鞅下令在都城南门外立一根三丈长的木头，并当众许下诺言：谁能把这根木头搬到北门，赏金十两。围观的人不相信如此轻而易举就能得到如此高的赏赐，结果没人肯出手一试。于是，商鞅将赏金提高到五十两。重赏之下，必有勇夫，终于有人站出来将木头扛到了北门。商鞅立即赏了他五十两。商鞅这一举动在百姓心中树立起了威信，而商鞅接下来的变法就很快在秦国推广开了。

情是管理者与员工之间建立起来的一种同志式的感情，这种感情是在长期共事和生活中逐步建立起来的，管理者与员工之间互相了解、互相尊重、互相信任、互相体贴的表现。人非草木，孰能无情？有了这种感情，员工就能与管理者同甘共苦、和衷共济、风雨同舟，甚至生死与共，这样管理者就能做到以情动人。

管理者必须树立自己的领导权威。只有这样，员工才会拥护你、服从你。你才可以引领团队战胜困难，获取胜利。

管理者要以身作则

政者，口言之，身必行之。

——《墨子·公孟》

管理者是引领团队前进、引导组织发展的组织者，是群龙之首。因此，成为一名称职的管理者，首要的条件就是以身作则，成为众人的表率。

管理者的良好行为、模范作用、以身作则就是一种无声的命令，能够有力地激发员工的积极性。如果管理者在每个工作日中仅有两个小时待在办公室，其余六个小时都在麻将桌上度过，那他就不能要求员工全力以赴地工作；如果管理者兢兢业业、废寝忘食，那员工也必能效法而冲锋在前，勇于承担艰巨的任务。

管理者通过行为的榜样作用、暗示作用、模仿作用等心理机制激发员工的动机，以调动工作积极性，称为领导行为激励。任何一个团队中的管理者以身作则的言行，都可能成为一种榜样。它会深深地影响着人们的一言一行，所以，在试图以某种文化去唤醒员工的自觉性时，行为榜样激励是非常奏效的。

著名的“爱国将军”、西北军领袖冯玉祥与当时大部分封建军阀不同，能做到“官兵一体”，让士兵做到的，自己先做到，是以身作则的典范。为了严格治军，训练一支有教养的军队，冯玉祥规定整个部队实行戒烟。当然，冯玉祥也有粗鲁军阀的缺点，他对违令吸烟者的惩罚是：“谁要是吸烟，我就叫他把烟头吃了”。

数月之后，冯玉祥偶然发现一个士兵躲在角落里偷偷吸烟，立即训斥了一顿，并让他当众吃烟头。谁知这个士兵不大情愿，嘴里不停地嘟囔着。冯玉祥深究之下，士兵吞吞吐吐地说：“您那天接待客人时，我见您还吸了几口烟呢。”冯玉祥一回想，确有这回事，那天他在与友邻部队长官会面时，自己吸了几口。于是，他从那位士兵手里抢过烟头，塞进自己的嘴里，当众将烟头咽了下去，对士兵们说：“以后待客，我也不吸烟了。”为了切实做到今后不再吸烟，他命令下属把屋里留着待客的烟卷全搬出来，当众烧了。从此以后，在冯玉祥的部队中很难再看到吸烟的人了。

管理者不可能时时刻刻地管着员工，关键是加强员工的自我管理。但这里有一个前提，就是首先做好管理者的自我管理，成为员工的榜样。变“照我说的那样去做”为“照我做的那样去做”。

一般情况下，管理者都会选取别人作为员工学习的榜样。这样做在一定程度上确实能起到示范作用，但管理者必须看到，由于管理者在一个团队中的地位和作用，他常常不自觉地被同事或员工选作学习的榜样。

一旦管理者的行为被“注意”之后，员工一般需要重复所观察到的行为。管理者的一部分任务就是为员工练习“自我管理”提供机会，并鼓励他们通过示范来学习。

必须注意的是，管理者的示范行为必须是生动、详细、易于理解的。管理者可以吸引员工的注意力，努力使自己成为一个可靠的“自我管理”的榜样。如果你想让员工成为有效的“自我管理者”，你自己就先得成为一个榜样，为他们提供一个示范作用，以生动、详细、易于理解的方式来展示“自我管理”的行为，促进员工对于示范过的“自我管理”的回忆，并鼓励他们以亲身体会的方式来练习这些行为，为他们提供动力，强化示范作用。

以上所说的加强管理者的示范作用，目的在于让员工产生良好的

"自我管理"的欲望，不能时时都要管理者紧盯着。只有调动员工的积极主动精神，发挥他们的创造性，才能使管理工作卓有成效。

在企业中，如果管理者能够率先示范，能以身作则地努力工作，那么这种热情和精神就会影响其员工，让大家都形成一种积极向上的态度，形成热情的工作氛围。可以说，管理者的榜样作用是具有强大的感染力和影响力的，是一种无声的命令、最好的示范，对员工的行动是极大的激励。

管理者能身先士卒，以积极正确的示范作导向，就可以调动员工的积极性，激发他们努力向上的干劲；反之，管理者持一种消极的、观望的态度，只能让员工削减工作热情，对企业的前途失去信心。

由此可见，管理者的行为对员工的激励作用是多么的巨大，甚至比言语和舆论的作用大得多。也正如俗话所说的"强将手下无弱兵"。管理者的表率永远是激励员工最有效的方法。

因此，与其为了顾虑员工的想法而伤脑筋，倒不如自己一心一意地工作。只要你自己尽全力专注地工作，用这种工作的激情去带动员工，这样你认真的态度必能感动周围的人，使他们积极地工作。

打造高效管理团队

> 臣以自任为能，君以用人为能。所能不同，故能君众材也。
>
> ——（三国）刘劭《人物志》

再优秀的管理者，一个人的能力毕竟是有限的。在生产规模小、分工协作简单的情况下，管理工作比较容易。管理者可以凭借个人的经验和才能，加上有利的条件和较高的威信就可以承担管理职责。而现代化大生产是一种系统经济，生产和科技的发展涉及多种学科和多种技能。管理者的业务范围关联着各行各业，管理的方式和手段也发生了根本性变化。管理者所面临的任务不再是单一的问题，而是进行立体化管理。管理工作需要各种知识和信息，需要多方面的分析和论证。这种综合化的管理特点，单靠有某一方面专长的管理者个人是无法胜任的，必须要建立一个稳固高效的管理团队，才能完成管理的目标。

一个合理的管理团队结构，其成员的年龄、专业知识和智力水平等不应该也不可能是整齐划一的。在管理成员的总体构成上，既要有强有力的主要负责人，又必须有各具专长的其他管理者。主要负责人的责任是把群体成员的积极性最大限度地调动起来，使全体成员之间长短互补、相互配合，充分发挥管理群体的整体功能，所以他是实现管理群体结构科学化的关键。同时，在年龄结构上，一个理想的管理群体应该是由不同年龄的成员组成，这样的管理群体既有老年人的成熟，又有中年人的稳重和青年人的朝气。

管理团队的成员还要具有互补的专业结构。现代管理是建在生产和科学技术既高度分化又高度综合基础之上的。任何一项管理工作都具有很强的专业性。因此，管理团队的成员必须掌握一定的专业知识和专业技能，这个团队必须是多方面专业人才的合理搭配和组合，在实际管理活动中实现互补，只有这样才能有效地履行管理职能。

对于管理团队专业结构的合理化不能作机械的理解和规定。不同岗位、不同层次和不同地区的管理班子，其成员的专业组合方式和比例应该是各不相同的。一般而言，一个生产型的组织首先应当有一位能够卓有成效地组织生产与经营的经理，还要有一位能够有力地加强企业技术管理的总工程师，一位能够切实提高经济效益的总经济师，一位能够严格执行财经纪律的总会计师，由这些专业人才来组成一个强有力的管理团队。

管理团队成员的专业化，不仅仅是指“硬”专家化（即技术专家化），更是指“软”专家化（即管理专家化）。现代行政管理、经营管理和科研管理都是专门的学问。管理者要掌握这些学问，这是社会发展的需要。在某种程度上，优秀的管理者比出色的技术专家更为重要。

一个高效的管理团队还要有合理的智能结构，也就是指具有不同类型智能的管理者之间的协调组合。

人的智能不仅有水平的高低，而且有类型的区别。有的人在这方面比较突出，有的人在那方面比较擅长，这就形成了不同的智能类型。因此，在组建管理团队时，既要考虑管理者之间的智能水平的合理搭配，更要充分注意管理者之间智能类型的有机结合。由同一智能类型的管理者构成的管理团队，它的整体功能是单一的。只有不同智能类型的管理者合理地组合在一起，才能构成智能结构合理的管理团队。

有些人善于运筹策划，有较强的判断力、想象力和综合力，能够统观全局，这种人被称为“思想家”。有些人善于组织协调，有较强的指挥力、驾驭力和控制力，善于统率队伍，组织各种活动，这种人被称为“组织者”。有些人则长于实施，有较强的实践能力、操作能力和推动能力，能身先士卒，以身作则，被人们称为“实干家”。一个好的管理团队中应该既有“思想家”，又有“组织者”，还要有“实干家”。由这些“思想家”、“组织者”和“实干家”有机配比组成的管理团队，就可以成为一个多功能、高效率的领导班子。

最后，管理团队内部要保持协调一致，这是发挥集体管理作用的一个重要条件。如果管理团队内部不团结，矛盾丛生，那么即使每个管理者的能力都很强，也难以发挥作用。内耗必然破坏整体功能，积极因素会被消极力量所抵消。管理团队内部必须协调一致，对于已经决定的事情，如果有意见分歧，除了不改变就要造成严重后果的特殊情况外，一般都应提出商议，不能擅自更改决议。即使是在特殊情况下，若要改变集体决议，也应该一边做一边向其他人通报有关情况，这样才能使管理团队成员相互理解、步调一致。同时，要尽可能保持管理团队的相对稳定，辅助的管理者在任期内不能随意调动和更换。那种动辄采取的伤筋动骨“大手术”，势必给工作带来不利的影响，甚至造成不应有的损失。当然，相对稳定不等于固定不变，对于确有问题或者不能胜任的人应该采取个别调整、逐步完善的办法，以确保管理团队的协调与稳定。

任用能人管理

举直错诸枉，则民服；举枉错诸直，则民不服。

——《论语·颜渊》

鲁哀公问孔子，怎样才能让民众服从？孔子回答说：“举直错诸枉，则民服；举枉错诸直，则民不服。”意思是说，把正直放在邪恶的上面，民众就会服从；把邪恶放在正直上面，民众就不服从。

三国时期，诸葛亮在《出师表》中阐述了同样的用人原则：“亲贤臣，远小人，此前汉所以兴隆也；亲小人，远贤臣，此后汉所以倾颓也。”事实上，蜀国的国运正应了诸葛亮的这句话。诸葛亮死后，后主刘禅遵照诸葛亮遗命，将国事托付给蒋琬、费祎、姜维等人，蜀国保持了 20 多年的安定局面，后来蒋琬、费祎相继去世，刘禅开始宠信宦官黄皓，姜维被排挤出中枢。景耀六年（公元 263 年），姜维听闻魏国在关中集结大军，上书给刘禅希望他早做准备，但黄皓告诉刘禅敌人不会来，于是刘禅也就没当回事，导致蜀汉群臣都不知道此事。第二年魏军在钟会、邓艾带领下一路直逼成都，刘禅面缚出降，蜀国就此灭亡。管理者要避免刘禅的遭遇，使员工信服，必须坚持“举直错诸枉”的原则。

现代商业组织大多建立了严格、透明化的管理系统，有效避免了“害群之马”的出现。但是，组织内部权力争斗的情况还是不可避免，极大地伤害了组织的健康成长。这就要求管理者善待那些耿直的员工，而把那些不重视本职工作而热衷于权术斗争的人排除在组织之外，至少也不能把他们放到重要的管理岗位上。

不过，性格耿直的员工个性很强，有自己独立的见解，他们性格直爽坦诚，说话直来直去，从不拐弯抹角。因为他们爱当面提意见，并且毫不含蓄，批评领导也不避讳，常使管理者感到难堪。

但是，这种人优点很多，他们头脑清楚、思维敏捷、办事果断。他们从不会被困难吓倒，往往具有“明知山有虎，偏向虎山行”的精神，而相信人能征服一切艰难险阻。他们不会因一时的挫折而情绪低落、一蹶不振，他们相信乌云之后必是晴天，但在组织里的日子未必好过。那些懒散的职员憎恨他们，那些无才无学的人妒忌他们，那些阿谀奉承上司的人疏远他们……遇到英明的领导还好，若遇到专制昏庸的管理者还会给他们穿小鞋，使他们这样的“千里马”找不到用武之地。所以，聪明的管理者不但应会用这种人才，还应会栽培改造他们，给他们一些私人辅导，使他们在接人待物、处理人际关系时掌握一定的技巧。

对于那些有才有识但性格耿直的下属，成功的管理者是绝不会计较他们的直言不讳的，因为这种员工的才识才是他最器重的。千军易得，一将难求，聪明的管理者是不会拒绝这样的员工的，相反还会积极接受这样的员工。但不可否认的是，由于这类员工的性格耿直，容易给管理者带来不必要的麻烦和困扰，也容易和周围的人产生矛盾和摩擦。因此，管理者需要更耐心，更要以平常心来对待和管理他们。管理者应该首先用心了解他们的内心，掌握他们的心理活动规律，在遇到问题时，多从他们的性格入手来了解问题的原因，这样就能更好地利用他们的这种性格，引导他们潜能的开发，而尽可能地避免性格引起的摩擦了。

另外，管理者提拔耿直之人，也要注意他们的业务能力是否合格。如果任用能力不足的人担任要职，其落后的思想观念会制约组织和谐发展，也不会令员工信服，这也是“举枉错诸直”的一种情形。

20 世纪 70 年代，总源色拉油公司成为台湾地区著名的食品企业。为了使公司管理现代化、参与国际竞争，董事长陈书友决定效仿美国企业推行的经营权与所有权分离的管理方法，聘请日本人中川全权负责公司的经营管理，自己则致力于产品开发和产品质量的研究。然而事情远非陈书友想象的那样简单，中川虽然有丰富的工作经验，但他不具备一个领袖人物的才略，而且由于中日文化的差异，生搬硬套的管理方法使企业乱了分寸。

对此，陈书友没有及时考察实际情况，仍然充分信任中川，使公司经营状况日益恶化。3 年下来，总源亏损了 1.2 亿元。陈书友认识到了事情的严重性，才发现企业内部存在账目不清、回扣现象严重等诸多问题。后来尽管陈书友收回管理权，努力改善公司经营状况，但是已经无力回天。1986 年 5 月，在台湾家喻户晓的总源色拉油公司宣布破产。

轻率的用人和盲目的信任，使总源公司由盛转衰，直到最后灭亡，这给我们提供了很大的教训。在重要的管理岗位上，我们不仅要看对方是否正直，还要看他是否具备相应的管理能力、先进的思想观念，这样才能实现正确管理，让员工服从。

避免抱怨旧事

取其一不责其二，即其新不究其旧。

——（唐）韩愈《原毁》

管理者每天都会做出很多决定，但是正确的决策往往只占七成。同样的道理，再优秀的员工在日常工作中也不能保证不出一丝的差错。面对这种情况，管理者要避免一味地抱怨和怪罪团队成员。

楚庄王作为春秋五霸之一，能够在众多诸侯国中脱颖而出，是与他宽厚对待下属分不开的。

有一次，楚庄王大摆宴席，邀请文武大臣参加。酒席宴上，楚庄王一时兴起，让自己宠幸的爱姬为大家敬酒。忽然，一阵大风袭来，把宴会上的蜡烛吹灭了，整个屋子一片昏暗，人群中一阵骚动。

突然，这位爱姬感到一只大手抓住自己的胳膊，不停地往身上摸。她恼羞之余抓到了对方的盔缨，然后走到楚庄王身边，诉说其中的原委，并哭着要求惩罚失礼者。哪知道楚庄王思索片刻，下令不要点燃蜡烛，并且让武将都把盔缨折断。

第二天，爱姬还嗔怪楚庄王没有为自己出气，楚庄王却毫不在意地说："酒后失礼，怎么能怪罪呢，这件事就不要再提了。"几年后，楚庄王在一次战斗中被困，一员大将异常勇猛，带领大家突围才转危为安。楚庄王论功行赏时，这位将军却跪倒谢罪，原来他就是宴会上冒犯楚庄王爱姬的人。

楚庄王没有抱怨下属对自己的冒犯，更没有怪罪对方，这赢得了下属的感激和忠心。管理是科学，当然要建立严格的制度。但是管理又是艺术，特别是在用人方面，更讲求对下属心理的把握。这时，不过度抱怨和怪罪，以免影响大家的工作情绪，就显得非常必要了。

孔子说："成事不说，遂事不谏，既往不咎。"意思是，已成的事，就不述说；结束的事情，就不劝谏；过去的事情，就不怪罪。在管理中，要坚持点到为止的原则，明确双方的权责，如果管理者抓住下属的失误不放，一味地抱怨、不停地怪罪，很容易失去人心，导致企业损失更多的机会和金钱。

清代画家郑板桥将"难得糊涂"作为自己的生活哲学，在管理活动中巧妙实践这一原则也很有必要。中国传统文化是含蓄而内敛的，特别是有"面子"情结。在下属知道自己的错误时，管理者就不要再怪罪；事情已经过去了，就不要再反复提起。

因此，坚持"难得糊涂"，做好自我情绪管理，是管理者实现成功管理的关键手段之一。

有一次，美国陆军部长莱文森跑到林肯总统那里，气呼呼地说一位少将用羞辱的言语指责他办事不公。林肯附和说："太放肆了，赶快写一封内容尖刻的信回敬那个家伙，狠狠地骂他一顿。"

莱文森当场写了一封措辞强烈的信，然后拿给林肯看。林肯边看边说："对了，就是这样。"然而，莱文森把信叠好装进信封，林肯却拦住了他："你干什么？"

莱文森疑惑地说："把信寄出去呀！"

林肯皱紧眉头，大声说："既然你的气已经消了，就把信扔到炉子里去！"

林肯帮助莱文森消气，避免他把这种情绪带到工作中去，这就是有效的情绪管理方法。它可以让管理者消除抱怨的心理、逃脱不断怪罪的窠臼，从而高效率地完成工作。

在管理界存在这样一种看法：员工不应该把情绪带进公司，因为工作场所是一个专业的地方，不应该“感情用事”。而实现这一目标的前提就是，管理者首先要停止抱怨和怪罪，不感染下属；然后才能帮助下属建立积极稳定的良好工作情绪。

著名的“霍桑试验”表明，员工的工作绩效很大程度上与团体内部的情绪有关。所以，让组织环境充满“好情绪”，激发员工潜能，这是许多管理者孜孜以求的事情。但是，一些管理者却做着降低管理效率的事情，抱怨和怪罪导致一些员工离职，这并非天方夜谭。

在员工心目中，上司的抱怨是没有信心的表现，管理者都对工作垂头丧气，我还留在这里干什么呢！很显然，即使许多人留下来，大家的工作热情也早已荡然无存。恐怕这不是管理者乐见的事情。从现在开始，丢掉抱怨和怪罪的管理习惯吧，大力提升员工的精神待遇，这有助于提高工作效率，增强团队凝聚力。

警惕朋党之争

远听而近视以审内外之失，省同异之言以明朋党之分。

——《韩非子·备内》

无论是在公司还是在机关里，人们都会面对“小集团”或者利益派别的问题，心理学家称其为“非正式组织”。管理心理学告诉我们，这样的小团体的出现和活动其实是很正常的，也不一定起负面作用。

非正式组织有其产生的原因。作为团队的补充，非正式组织满足了人们在正式团队中不能满足的心理需求。非正式组织是自发形成的，成员之间既相互联系，又相互独立。在活动中，每个成员既可以找到自己交往的对象，又可发表自己的见解，还可以从别人那里得到自己心理上需求的东西，使自己能愉快地生活。

作为一种非正式渠道，非正式组织可以满足成员对信息沟通的需要。在正式团队中的每个成员，都希望及时获得信息。但事实上，组织上不可能把所有信息毫无保留地传给每个成员，而且，由于正式团队的信息沟通方式有限，常常使信息不能及时传播。在这方面，非正式组织则有优势。非正式组织的成员接触频繁，沟通渠道多，不受限制，能将信息迅速散布，使每个成员都有分享的可能，这起到了正式团队起不到的作用。

作为一种对抗型团队，非正式组织还可以纠正式团队之偏。在正式团队中，如果管理人员能力低或作风不正、假公济私，对事情处理不公正，则团队中的成员离他而去，分裂为某种类型的小团队，其中还会产生核心人物，影响其他人的行为，与正式团队相抗衡。这种非正式组织，则具有积极意义。但也有其他情况下产生的非正式组织，对正式团队的活动起消极的作用。由此可见，非正式组织是否存在，还是衡量正式团队内凝聚力强度的“晴雨表”。

宋代的欧阳修有一篇名文《朋党论》，谈的就是非正式组织问题。他说所谓朋党，是自古有之，但是要分清君子之朋党与小人之朋党。君子与君子是由于拥有共同的原则和理想，所以成为朋党，而小人与小人则因为有共同的利益，所以才结为朋党。

欧阳修正确指出，朋党本身无所谓好坏，关键是看为什么结成朋党。如果纯粹为了利益，那么不但起不到什么好作用，朋党本身也不可能牢固。而君子为了干好事业共同努力，这样的朋党才是值得提倡的。

心理学家从“安全性”和“紧密度”两方面来考察非正式组织的划分。这里所谓“安全性”是与破坏性相对立的，凡是积极的、正面的、有益的活动都是“安全”的，比如满足成员归属感、安全感的需要，增强组织的凝聚力，有益于组织成员的沟通，有助于组织目标的实现等；凡是消极的、反面的、有害的都是“危险”的，比如抵制变革，滋生谣言，操纵群众，阻碍努力，使高素质、高绩效员工流失等。所谓“紧密度”是与松散性相对立的，凡是有固定成员、有活动计划、有固定领导而小道消息又特别多的，都是“紧密度”高的；相反则是“紧密度”低的。这样就可以把非正式组织分为以下四种类型。

消极型：既不安全，也不紧密。这种非正式组织是内部没有一个得到全部成员认可的领袖，分为好几个小团体，每一个团体都有一个领袖，同时某些领袖并不认同组织，存在个人利益高于组织利益的思想。

兴趣型：很安全，但不紧密。由于具有共同的兴趣、爱好而自发形成的团体，成员之间自娱自乐。

破坏型：很紧密，但不安全。这种非正式组织形成一股足以和组织抗衡的力量，而且抗衡的目的是出于自身利益，为谋求团体利益而不惜损害组织利益。同时，团体内部成员不接受正式组织的领导，而听从团体内领袖的命令。

积极型：既积极，又很紧密。一般出现在企业文化良好的企业，员工和企业的命运紧密地联系在一起。比如日本本田公司的QC小组，完全是自发成立，员工下班后聚到一起，一边喝咖啡，一边针对今天生产车间出现的生产问题和产品瑕疵畅所欲言，最后通过讨论找出解决问题的方法。

对于企业来讲，虽然一般的非正式组织中很少存在破坏型的，但是如果出现一定的内外部诱因，那么消极型、兴趣型和积极型非正式组织都有可能迅速地转化为破坏型非正式组织。作为组织的管理者需要对组织内存在的诸多非正式组织有一个清晰的界定，它是属于哪一种类型？它们的领袖是否具备良好的道德素养和职业素质？这些非正式组织中的核心成员有没有属于企业高层管理者的，他们是否可以准确地强化自身正式组织的角色？考虑到这些问题就可以比较好地为监控和处理好非正式组织的“紧密化”和“危险化”奠定基础。

实际上，非正式组织的根源在于成员的同质化，比如相似的经历、学历、年龄，相似的背景、价值观，来自同一个城市、同一所大学等，这是非正式组织存在和发展的基础。同质化使得员工在压力之下或者利益的驱动下能更快地取得一致，从而为非正式组织的紧密化提供良好的条件。所以尽量保持员工的多样化、差异化是最容易达到效果的方法。

对于管理者来说，可以从两个方面消除员工同质化。首先，在招聘的时候，一方面要根据目前企业内现有员工的状况以及非正式组织的情况来制订招聘规划，尤其注意不能增强现有非正式组织的力量；另一方面在招聘过程中也要注意不能在同一个区域或同一所学校招聘到占一定比例的员工。其次，在用人制度上要引进市场的竞争机制，保持员工一定比例的流动性，这样就能很容易地来抑制非正式组织的力量的不断壮大。

表明态度，凝聚人心

不折则渎上，不怒则相和。

——《韩非子·立道》

管理者是一个企业的当家人，既要带领团队实现经营目标，还要在关键时刻做出重大决定，表明自己的主张。历史经验表明，一个团队的管理者如果优柔寡断，往往会贻误时机，不但葬送发展机遇，还会使人心涣散。

秦朝末年，天下大乱，群雄纷起。项羽和刘邦逐渐从各路诸侯中胜出，成为彼此有力的竞争对手。事实上，从任何一个方面来比较，项羽都处于绝对优势，而刘邦不具备挑战项羽的实力。但是，沙场上勇猛无敌的项羽在统御下属、与对手谋略较量的时候，却表现出优柔寡断的性格缺陷。鸿门宴上，足智多谋的范增劝项羽除掉刘邦，这的确是一个千载难逢的好机会。但是，高傲的项羽此时却下不了决心，最终让刘邦逃脱。在“杀”与“不杀”之间迟疑不定，这种举棋不定的做法不但错失了最佳的战机，也造成下属思想认识上的混乱。

范增70岁投奔项羽，先后向项羽提出了许多好的建议，但是这位西楚霸王却心生厌烦，乃至在关键问题上故意避免采纳谋士的意见。于是项羽失败不可避免，最后落得个洒泪别姬的下场。

在一个团队中，管理者的意见和主张是其他成员行动的风向标。所以最高决策者务必要时刻表明自己的态度，这既是证明自己“存在”的宣言，更是凝聚人心不断前进的参照。

韩非子说：“不拆则渎上，不怒则相和。”意思是，不分析成功的原因，臣下就会轻慢君主；不严厉追究过失，臣下就会相互勾结。表现在管理策略上，就是借助赏罚分明来实现有效的管理。一旦管理者不能发出公正而鲜明的声音，有功不赏，有罪不罚，那么整个组织就会涣散。

历史上，隋炀帝重用奸臣，听信谗言，结果朝政荒废、吏治腐败，赏罚不明的管理措施使国家遭遇了严重的危机。最后隋朝在农民起义的冲击下土崩瓦解。研究可以发现，当朝政被权臣把持的时候，隋炀帝失去了与官员和百姓有效沟通的渠道，加上赏罚分明的制度遭到破坏，忠诚、有才干的人得不到重用，而贪污腐化的官员相互勾结，所以隋朝走向灭亡就不可避免了。

在现代企业管理活动中，管理者必须注意在内部建立令行禁止的信息传递机制。具体来说，当下属取得成功时，要分析其中的原因、给予奖赏，激发对方更大的工作动力；当下属犯错时，要进行必要的惩罚，告诫对方走向正途。通过鲜明的主张，管理者可以统一思想、树立权威。

而当组织遭遇外部危机时，管理者也需要鲜明地表达自己的主张，这样才能团结大家共渡难关，迎接严峻的挑战。在受到诋毁时，不作声意味着默认，而鲜明地表态则是对谣言的强烈抗击，这不但纠正了许多人的错误看法，更消除了公众的疑惑。

由此可见，管理者务必要时刻表明自己的态度，特别是在一些重大问题上，一时的拖延可能会带来灾难性的影响。只有真正做到“该出手时就出手”，才能避免“不拆渎上，不怒相和”的管理危机。

5

第五章
鼓舞士气

“唐宋八大家”之一的苏洵，在《心术》一文中论领军之道，曰：“未战养其财，将战养其力，既战养其气，既胜养其心。”

在带领下属进行工作之时，最重要的一件事就是鼓舞士气。士气的作用在于激发人们的体力、精力、能力等潜在的生理能量和心理能量。员工士气是人力资源管理中的一个重要指标，是指企业员工愿意努力工作的愿望强度和工作积极负责、创新和团结合作的态度。良好的士气是企业正常运转的基本前提，也是发挥全体人员工作创造性的基本环境。

气可鼓不可泄

人才衰靡方当虑，士气峥嵘未可非。

——（南宋）陆游《送芮国器司业》

“士气”是一种军事术语，用来表示战士作战时的精神面貌。《孙子兵法》中十分强调对参战官兵士气的观察和激励，在不少篇章中论述了士气变化的规律，并阐述了调动己方积极性、控制敌方气势的问题。“三军可夺气”正是这一思想的集中反映。古往今来，高超的管理者总是要通过士气高昂的员工去落实自己的构想。

越王勾践经历了卧薪尝胆后，决定起兵向吴国报仇。行军途中，他看见路边有一只青蛙怒气勃勃，便恭敬地站起来向青蛙行礼。下属感到奇怪，勾践说：看见它充满斗志，就像一位勇敢的士兵一样，不由得我不敬佩啊。这件事立刻在兵士中流传开来，大家都说：大王对一只青蛙都如此尊敬，我等受训数年，难道还不如一只青蛙吗？于是士气大振，果然一举灭了吴国。

心理学家把“士气”这一术语引用到管理心理学领域，多用来表示员工们的工作精神或服务精神。心理学家G·史密斯认为，士气乃是个体对某一团队或组织感到满足，愿意成为其中一员，并协助达成团队目标的态度。因此可以说，士气不仅代表个体需求满足的状态，而且还包括认为个体的满足得之于团队，因而乐意为实现团队目标而努力。

另一位著名心理学家D·克雷奇认为，一个士气高昂的团队，成员之间团结的动力应该来自团队内部的凝聚力，而不是来自外部的压力；团队中的成员之间没有分裂为互相敌对的小团队倾向；团队本身具有对外部变化的应变力和处理内部冲突的能力；每个团队成员都具有团队意识；每个成员都明确团队的目标；团队成员对其目标和管理者持支持的态度；同时成员承认团队的存在价值，并有维护团队继续存在的意向。如果一个团队具备了以上这些要素，就是一个健康的、积极的、士气旺盛的团队，就可提高活动的效率。自古以来，无论中外，凡是具有才干的管理者都非常注重团队的士气，他们把团队士气的高低，视为活动成败的关建。

根据心理学研究成果，虽然士气不是提高活动效率的唯一条件，但却和活动效率有着密切的关系。

士气低，效率高，是因为管理者用物质刺激的方式，使员工的某种物质需要暂时得到满足，而出现高效率。但由于忽视了员工的心理需求，这种高效率的情况也只能是暂时的。时间一久，就会急剧地走下坡路。而士气低，效率低，则是由于员工的需要在团队中得不到满足，而且组织目标和个人需求也不相吻合，员工对活动没兴趣，只是抱着“当一天和尚撞一天钟”的思想。

如果士气高，效率低，那么是因为员工虽然在团队中获得了满足感，但因组织目标和个人需求不能相吻合，于是就出现了“和和气气的怠工”，而缺乏紧张工作的气氛，效率就非常低。反之，如果员工在团队中使个人需要得到满足，又感到组织目标和个人的要求相一致，这就产生了干劲十足、效率很高的景象。

那么，士气从何而来呢？哪些因素对士气的高低产生影响呢？一般来说，影响员工士气的主要有以下几种因素。

首先是员工对所处团队的满意度。如果个体对所处团队感到满意，并为是此团队中的一员而感到自豪，这个团队就会出现高昂的士气，个体就会不惜一切地为团队工作。

其次是员工对工作的满足感。这是指工作的本身是否能令人满意。这种满足感主要包括工作本身是否合乎个人的需要，个人是否能在此方面施展自己的才能。如对工作是满意的，则不催自奋；反之，就会止步不前。

再次是员工对组织目标的赞同。士气在一定意义上说，就是团队成员的一种团队意识，它代表一种个人成败与团队成就休戚相关的心理，这种心理在个体目标与团队协调一致时才能发生。

合理的经济报酬也是不可或缺的要素。金钱虽然不是人们的唯一需求，但在人们生活中具有重要的意义。一方面，它能满足人们的物质需要；另一方面，报酬的高低也是对人们作出贡献的衡量。如果报酬合理，它能激发人们的积极性；否则，会挫伤人们的积极性，降低士气。

管理者自身素质的高低，对员工也有着重要的影响。古人说“将帅无能，累死三军”，就是对管理者水平而言的。管理者自身素质好，其管理水平就高，员工在活动中就能得到要领，活动积极性就高，正所谓“强将手下无弱兵”。否则，人们的积极性就激励不起来。

同时，如果一个团队中成员之间的关系是和谐的，那么，他们之间就容易进行心理上的沟通和行为上的接触，成员之间就能和睦相处，团队就有良好的精神面貌。如果团队成员之间在和谐的基础上再做到密切的合作，团队就会产生无穷的力量，使团队的活动顺利进行。

最后是管理者还要为员工创造良好的工作条件。这里所指的工作条件，是就两方面而言的：一方面是要有良好的客观外界环境；另一方面要有良好的主观内在环境，既要让人们感到自己所处的外界环境是适宜的，又要让人们感到成员之间的心理环境是相容的。这样才能使员工在工作时身心都感到舒适，从而使员工在愉快的环境中，充分发挥自己的潜力。

视员工为伙伴

> 道之以政，齐之以刑，民免而无耻；道之以德，齐之以礼，有耻且格。
>
> ——《论语·为政》

西方管理理论一般倾向于强调以外力规范员工行为，而中国式的管理之道则注重发挥人性善的因素，在建设一种合乎“礼治”的企业行为规范的同时，更强调员工的忠诚敬业和自动自发。

孔子在谈论为政之道时就说，用政令教化下属，用刑法整治部下，人们即使免除了刑法处置，仍然会缺乏廉耻之心；而如果用德来教化，用礼来整治，人们就会感觉到廉耻，从而从心灵深处服从安排。具体到管理活动中，就是强调管理者要善于施行德治，在尊重员工的基础上，建立与对方的事业伙伴关系，使大家从内心深处自觉服从组织的管理。

在中国的文化语境中，“面子”是一个非常重要的概念。孔子倡导的“礼治”形成了一种独特的互动人际关系，你用什么方式待人，对方就会以同样的方式回应你。所以，管理者过分强调制度、违反规定就实施惩罚，员工一定会“免而无耻”；如果尊重对方，以德治理公司，对方就会“有耻且格”。

所谓的“制度化管理”，对管理者自身的要求不高。制定好制度与相应的惩罚条例之后，他们要做的就是评估下属员工的行为。无可否认，“制度化管理”是能够取得一定的成果，至少员工不再像以往那样不服管教，违反纪律的事情也会少许多。可是，通常会出现这样一种新情况：员工们总是努力寻找管理制度的漏洞，而且他们总是能够找到。正所谓“上有政策，下有对策”。这样一来，管理就成了管理者与员工之间的“斗争”，于是很多企业的管理制度越来越细致，也越来越厚。这种情况的出现是理所当然的，因为“制度化管理”不能够做到使员工“有耻”。当“制度化管理”发展到一定程度，就会出现人心涣散的结果。更何况，很多管理者制定制度的时候，并没有调查研究、认真分析下属员工的实际情况，而是将其他企业的规章制度照抄过来，这样又怎么能让下属员工心甘情愿地履行呢？

简单甚至粗暴地使用行政命令调动下属，很容易使下属员工失去对管理者的信任，而一旦员工的对抗心理占了上风，消极怠工就会被他们看作理所当然的事情，而不会有丝毫的廉耻之心。如此一来，管理者就会陷入完全被动的局面，组织运作效率大大降低、管理效果大打折扣。

道格拉斯·麦格雷戈提出的“Y 理论”认为，人并非天生好逸恶劳，若在适当的激励下，人们不仅愿意而且能够主动承担责任，甚至会视工作如娱乐、休息一样自然；如果人们对某项工作做出承诺，他们会进行自我指导和自我控制，以便完成任务；大多数人都具有解决组织问题的丰富想象力和创造力。只有创造一种相互理解、彼此尊重、轻松和谐的气氛，动员下属的工作热情，培养积极主动的态度，才能有效管理下属分工合作，实现组织良性互动，这是管理工作的关键所在。把员工看成自主的人，引导他们知道做什么、怎么做，管理者只提供必要的支持和帮助，这样就避免了公司单纯强调制度和规范从而诱使员工钻漏洞的弊端，把管理建筑在企业文化、情感沟通、事业激励的“礼治”基础上，使得大家有“知耻”之心，最终产生一种良性互动。

福耀玻璃集团董事长曹德旺就曾说过，做企业需要“克己复礼”。在福耀玻璃董事会十一个席位中，代表生产员工的“管理董事”有三个席位。虽然员工可能没有公司的股份，但是通过管理董事，他们也可以发表自己对公司经营的看法。召开董事会的时候，曹德旺非常重视与这些代表员工的管理董事沟通。在曹德旺看来，员工提出反对意见是对自己的极大尊重："如果我讲什么，他就说做什么，我认为他是在看不起我。"

在管理活动中尊重对方，"道之以德，齐之以礼"，既是我国传统文化的历史惯性，也是来自个体心灵的一种本能需求，因此，管理者必须准确把握，恰到好处地实施"德政"，才能有效提升管理绩效。

从"制度化管理"到"人性管理"是一个过程，这个过程的关键点在于管理者的思维转换。当管理者察觉到自己的时间、公司的资源、市场的机会全都在与下属员工的"斗争"中悄然消耗时，就应该幡然醒悟。当然，要实现人性管理并非易事，在转变的最初，管理者很有可能得不到下属的认同和支持，只有当管理者逐渐让他们感觉到"这不是一场新游戏"时，下属员工才会投入其中，并在解放自我的同时使管理活动的效率达到极致。

薪酬制度要公平

无功而厚赏，无劳而高爵，则守职者懈于官，而游居者亟于进矣。

——（西汉）刘安《淮南子·主术训》

奖励与绩效之间并不是简单的因果关系，奖励未必能收到预期的效果，最重要的是，管理者设定的薪酬奖励制度一定要公平。倘若没有功绩而给予重赏，没有功劳而给予高官，那么忠于职守的人就会怠慢公事，而游手好闲的人也会钻营而为官。

1965年，美国心理学家J·亚当斯基于社会心理学中的认知失调理论提出了“公平理论”。这一理论是侧重于研究工资报酬分配的合理性、公平性对员工生产积极性和工作态度影响的一种激励理论。公平理论认为，员工的生产积极性不仅受其所得的绝对报酬的影响，而且还要受到相对报酬的影响。一般来说，员工在得到自己的劳动报酬后会进行两个比较：一是把自己现在所付出的劳动和所得的报酬与自己过去的劳动和所得的报酬进行个人历史的比较；二是把自己付出的劳动和所得的报酬与他人付出的劳动和得到的报酬进行社会的比较。如果经过比较两种比值是相等的，人们便会产生公平感，从而维持或激发工作热情；如果两种比值不相等，就会产生不公平感，从而降低工作的积极性。

一旦员工发现自己受到不公平的待遇，就会采取行动消除不公平感。首先，员工会努力改变自己的收支状况，或者要求增加报酬，或者“给多少钱，干多少活”，减少劳动支出。如果可能的话，也会努力改变别人的收支状况，最常见的是想方设法把工作推给那些“拿钱多”的同事去做。在采取以上行动的同时，员工也会通过自我解释达到自我安慰，以消除内心的不公平感，或者改变比较或参照对象，看到自己虽然“比上不足”，但“比下有余”，以获得主观上的公平感。如果以上方法没有效果，员工就会发牢骚、泄怨气，制造人际矛盾，甚至放弃工作。

美国心理学家P·雅各布森召集一些大学生参加校对工作，并事先告诉他们校对一页给30美分报酬。实验之前，先检测被试者的校对能力，再分为3组，每组成员的校对能力实际上大致相等。实验开始前，雅各布森告诉第一组被试者：“你们的校对能力并不强，但由于我们要赶工，所以还是聘请你们，报酬还是事先商定的每页30美分。”然后对第二组说：“你们的校对能力不大强，因此每页只能给20美分。”最后告诉第三组：“你们的校对能力很强，因此按事先所说每页30美分付钱，这种报酬与有资格从事这项工作的其他人所得的报酬一样。”实验结果证明，第一组因为觉得自己报酬过多，于是比其他两组更努力地工作，找出的错误最多；其他两组没有不公平感，因而工作成绩大致相同。

公平理论揭示了人们追求公平心态的激励功能，把一个客观存在却不大为人注意的问题纳入了科学研究的领域。所以，管理者应通过有效措施尽可能消除或减少员工的不公平感，以保证员工工作积极性的充分发挥。

首先，管理者应尽可能公正无私地对待每一位员工，尤其在物质报酬上要做到公平合理。如果管理者由于主观片面、碍于情面或对一些员工有偏见，使分配奖励不实事求是，造成人为的不公平，就会极大地挫伤员工的积极性。因此，管理者一定要处事公正，并在调查研究的基础上制定出客观、合理的考评分配标准，尽量不要因管理不当造成员工的不公平感，这样才能为调动员工积极性奠定良好的基础。

其次，要提高管理水平，改革不合理的分配奖励制度。例如，在有的企业中，由于劳动定额不科学导致超产难易不一，定额容易完成的工作抢着干，不易完成的推着干；由于生产计划不平衡导致有的班组或车间有工作干不完，有的则无工作可干；由于责权利不统一造成有的人干得越多罚得越多，有的人无所事事反而从不受罚，等等。这些不公平的现象，都在很大程度上影响着员工的积极性。因此，各级管理者应努力提高管理水平，加强和完善基础管理工作，从具体实际出发改革不合理的分配奖励制度，这样才能把员工的工作积极性调动起来。

最后，要进行必要的思想教育工作，引导员工全面、客观地进行比较。一般来说，人们在心理上都存在认知偏向，往往会自觉不自觉地低估他人的工作成绩，而高估自己的工作难度和效果，因而产生一种“不公平”感。对于这种情况，管理者可以拿出实际数据和材料来说服员工，使他们自觉地纠正错误认识，重新衡量公平与否。这样就可以消除由主观判断引起的不公平感，从而把员工的工作积极性真正调动起来。

同时，管理者也要注意到，公平感本身是一种心理平衡感，有时心理平衡而无冲突，人就失去了动力，而有利于自我的不公平感也是激励人们的力量。所以在某些时候，管理者可以通过积极的措施，调整员工“投入”与“产出”比率的失衡感，达到及时激励的效果。

一个成功的管理者必须懂得通过制造某些不公平，如设立不同等级的薪水制度，让员工感到压力，也有追求更高薪水的动力。但是，这种不公平必须要保持在员工的心理承受能力之内，不至于让他们失去信心、垂头丧气。所以，这种不公平要根据公司的实际情况、员工的心理特征等各方面的因素来制定，讲求科学性、合理性。

赏罚要分明

赏善而不罚恶则乱，罚恶而不赏善亦乱。

——（唐）元结《辨惑下》

管理者要做到赏罚分明，只奖不罚，对消极行为是一种默许、纵容；只罚不奖，无以调动人们的行为积极性。许多管理者把奖励当成惩罚的对立面，其实不然，奖励的反义词不是惩罚，而是不奖励。同样，惩罚的反义词是不惩罚。奖惩制度的层级应该是这样的：惩罚、不惩罚、不奖励、奖励。换句话说，奖励和惩罚都是相对的，该奖励时不奖励，就相当于惩罚，而该惩罚时不惩罚就相当于奖励。

春秋时，曹国人僖负羁曾救过晋文公的命，因此晋文公在攻下曹国时，为了报答僖负羁的恩情，就下令不准侵扰僖负羁的家，如果有违反的人，就要处死刑。大将魏平和颠颉却不服从命令，带领军队包围了僖负羁的家，并放火焚屋。魏平爬上屋顶，想把僖负羁拖出杀死。不料梁木承受不了重量而塌陷，正好把魏平压在下面动弹不得，幸好颠颉及时赶到，才把他救了出来。晋文公知道这件事后十分气愤，决定依照命令处罚。大臣赵衰向文公请求："他们两人都替国君立下汗马功劳，杀了不免可惜，还是让他们戴罪立功吧！"晋文公说："功是一回事，过又是一回事，赏罚必须分明，才能使军士服从命令。"于是便下令，革去了魏平的官职，又将颠颉处死。从此以后，晋军上下都知道晋文公赏罚分明，再也不敢违令了。

现代心理学研究认为，传统的"赏罚分明"的观念与"强化理论"是相通的。赏罚分明就是不断给员工正确的强化，以改善员工的工作行为。

强化理论是以美国心理学家 B·斯金纳的操作性条件反射论为基础发展起来的一种激励理论。强化理论的主要特点是从人的行为与客观环境刺激的相互关系中去寻找改造人行为的方法，而不重视人的心理活动的作用。在斯金纳看来，人相当于一个"黑箱"，内在状态是未知的，也是不可知的。因此，通过控制住人的外部环境中的两个条件，就可以控制和改变人的行为。这两个条件一是人的行为的外在目标；二是对行为结果的奖惩。也就是说，在管理中通过运用各种强化手段，就能够有效地激发员工的积极性。

在实际管理中，常用的强化手段一般有正强化、负强化、惩罚和衰减四种类型，这四种类型可以单独使用，也可以结合使用。

正强化是指对某种行为的给予肯定和奖赏，以增加其重复出现的可能性的方法。例如，当员工工作干得出色时，其管理者针对良好表现给予适当的奖励，这样就可以使该员工保持积极行为，进一步做出优异的成绩。

负强化是指通过减少和撤除某种消极行为，以鼓励和增加员工某种良好行为的方法。例如，某员工因经常不能如期完成任务，致使管理者对他进行经常性的检查监督。但是当员工一有如期完成任务的表现，对他的检查监督随即放松。通过这种方式，以鼓励员工如期完成工作任务。

惩罚，顾名思义就是当某种不良行为出现后，给予其某种带有强制性、威胁性的不利后果，以减少和消除该种行为的方法，如批评、降职、减薪、罚款、开除等，以示对其行为的否定，从而消除这种行为重复发生的可能性。

衰减则是指撤除对某种行为的积极强化，以终止该行为或降低该行为出现的可能性的方法。例如，一个生产班组组长由于个人生产效率较高经常受到管理者的积极强化，但后来发现他个人工作很好，却没有组织好整个班组的生产，于是管理者除给他明确职责外，不再对他的工作成绩进行强化，从而使其调整自己的行为。

强化理论不考虑或极少考虑人的行为产生的内因，只注重通过施加外部刺激巩固或减弱人的行为，而不注重对人积极行为的主动激发，因而具有很大的局限性。但是，在实际管理中，运用强化手段确实对保持和加强积极行为、减少和消除消极行为具有重要作用。因此，管理者应在全面认识强化理论的合理性和局限性的基础上，正确、恰当地运用强化手段，这样才能收到预期的激励效果。

工作绩效的反馈会对员工行为产生强化作用，对工作效果满意的信息或奖励，会使员工保持和加强自己的行为；不满意的信息或惩罚，会使员工调整和改变自己的行为。但是，工作绩效的反馈应注意时效性，只有及时地反馈才能最有效地发挥强化作用。一些出色的管理者很注意反馈的时间效应。

在管理实践中，要想取得良好的激励效果，必须坚持奖励和惩罚相结合的原则。事实证明，奖惩结合的方法优于只奖不罚或只罚不奖的方法。一方面，对正确的行为、对有成绩的个人或群体应该给予适当的奖励。因为奖励既能使受奖者本人看到自己的努力与成绩受到了上级或社会的肯定，从而进一步促使他努力做好工作，同时又能使受奖者周围的人得到鞭策和鼓励，使他们能学有榜样、赶有目标。另一方面，对于不良行为，对于一切不利于生产或工作的行为，则必须酌情给予惩处。惩罚既可以使受罚者从中吸取教训，调整自己的行为，同时也能使周围的人受到一次教育，引以为戒。

在做出处罚决定的时候，必须讲究纪律，不能因这个人是我的亲信，有过就不惩罚，如此很容易引起其他员工的不满。

当然，强调奖励与惩罚并用，并不等于奖励与惩罚并重。一般来说，在管理中应以奖为主，以罚为辅。因为人的自觉性和觉悟不是罚出来的，过分的惩罚会使人产生挫折感，产生低落情绪，甚至会损伤人的自尊心和自信心。过多的惩罚只会把人变成制度的奴隶，有时还会使人形成抗拒心理，甚至产生攻击行为。因此，在管理中应慎用惩罚手段，而尽量多地采用鼓励或表扬的方法。

员工期望决定激励方向

> 古之善将者……伤者，泣而抚之；死者，哀而葬之；饥者，舍食而食之；寒者，解衣而衣之；智者，礼而禄之；勇者，赏而劝之。将能如此，所向必捷矣。
>
> ——（三国）诸葛亮《将苑·哀死》

在现实生活中，当人们有了需要并看到可以满足的目标时，就会受需要的驱使，在心中产生一种欲望，心理学称这种欲望为“期望”。期望本身就是一种激励力量，中国古代的管理者敏锐地察觉到了这种力量，所以在管理时非常注意下属的期望和需求，并给予相应的鼓励，以达到激励员工、增强凝聚力的目的。

汉代著名军事家韩信原来在项羽帐下做事。他几次向项羽建言，但是不得重用。韩信说项羽看似待人恭敬慈爱，士兵生病会心疼得流泪，将自己的饮食分给他，但是等到有的人立下战功该加封晋爵时，他却把刻好的大印放在手里摩挲得失去了棱角，也舍不得给人。

刘邦则不同，他知道韩信有建功立业的迫切愿望，就安排了隆重的仪式封他为大将军。后来韩信打下山东大片土地，便上奏刘邦，让他封自己为“假齐王”。当时刘邦正被围困，盼着韩信来解围，所以十分恼火。但是在张良等人的规劝下，马上清醒了过来，立刻派人前往山东，封韩信为真“齐王”。

一个人的激励程度受到期望值、效价和关联性这三个因素影响，而且这三个因素之间是一种相乘的关系。即这三个因素中只要有一个因素低，整个激励水平就是低的，只有这三个因素都高，才会有较高的总激励水平。

期望值是指被激励者对于经过努力能够达到某种目标的可能性大小的判断。激励力量的大小首先取决于实现目标期望值的大小，即只有当一个人认为实现某个目标是有可能的时候，他才会向这个目标努力，人是绝不会为一个毫无实现可能的目标而奋斗的。

效价是指在被激励者的意识中，达到某个目标对于满足个人需要的价值。在激励过程中，管理者要通过设置目标激发员工的工作动机。如果员工认为实现这一目标对于满足个人需要很有价值，他会努力去实现这一目标，即激励力量较大；如果相反，员工便不会去争取实现目标，因而激励程度将很低，甚至毫无激励作用。

工作绩效与结果之间关系的变量则称为关联性。个人所预期的目标有两个层次，即一级目标和二级目标。二级目标指的是人最终希望达到的目标，一级目标则是达到二级目标的工具或手段。例如，一个人希望提升，但要达到这一目标必须努力工作，取得工作成绩。这里，提升就是二级目标，而取得工作成绩则是一级目标。所谓工具性或关联性，就是指个人对一级目标和二级目标之间内在联系的认识。如果二者关联性很强，即只要实现一级目标必定会实现二级目标，这时人行为的积极性很高；如果二者关联性很差，实现了一级目标未必能实现二级目标，人就将失去积极性。

对许多人来说，做好工作并不是他们的终极目的，其终极目的是希望在取得工作成绩后获得适当的奖励或报酬。所以，在激励过程中，工作绩效与奖酬的关联是十分重要的。如果两者之间关联性很强，员工的积极性能调动起来；如果两者之间没有关联，只求贡献而没有相应的物质和精神奖励，员工的积极性就很难调动起来或持久地保持下去。因此，管理者一方面要制定出按劳分配的工资和奖励制度，使员工工作取得绩效后能多劳多得；另一方面必须切实贯彻这种制度，说到做到，信守诺言，并且奖励政策稳定。只有这样，员工的积极性才能真正被调动起来。

在多数情况下，人们取得一定工作成绩后所获得的奖酬不会是一种，而常常是多种的，如表扬、提升、晋级、成就感等，而每一种奖酬对人来说都有效价和关联性的问题，因此在考察激励水平时，应把它们总和起来。

期望理论要求调动员工的积极性时必须努力提高目标的效价，使员工真正感到实现该目标是有价值的。而人们在年龄、性别、社会地位、经济条件、文化程度、价值观等方面是各不相同的，因而结构需要及优势需要也必定存在差异。这样，对同一种奖酬，不同人所体验到的“效价”就会不同。因此，设置奖酬要有针对性，要因人而异。

研究发现，20 岁左右的年轻员工对工作条件、待遇、发展空间等方面的要求比较高，自主意识比较强，思维活跃，没有太多家庭的牵挂，他们最关注的是个人价值能得到多大的实现；而 30 岁以上的员工大多已经成家，思想趋于成熟，比较安于现状，更希望在福利、医疗保障等方面更加完善。在文化方面，有较高学历的人更看重的是精神方面的满足，例如工作环境、工作兴趣以及地位等，更希望得到个人价值的认可；而学历相对较低、家境一般的人其想法则比较朴实，他们更注重物质报酬上的满足。

另外，管理者也要恰当控制员工的期望值。每一个人所做的努力，都是想达到一定的目标或取得一定的成绩，只有当人们认为可能达到目标、做出成绩时，才会坚持不懈地努力工作。因此，在激励过程中必须恰当地控制期望值，即在制定目标时，既不能过低也不能过高。如果目标过低，员工唾手可得，就不能把员工的积极性和内在潜力发挥出来；如果目标过高，员工感到可望而不可即，就会丧失信心，也不可能把员工的积极性调动起来。所以管理者制订工作、生产定额以及使员工获得奖励的可能性都有个适度问题，只有适度才能保持员工恰当的期望值。同时，管理者应通过具体措施，尽可能使员工对实现目标可能性有正确估计，如果能有效调整员工的主观估计，也就在一定意义上控制了期望值。

安慰失意的下属

善启迪人心者，当因其所明而渐通之，毋强开其所闭。

——（清）徐栋《牧令书》

管理者在自己的工作中，难免会遇到失意的员工。这些失意的员工大多数都感到工作上不如意。他们自以为没有得到用武之地，职务与才华不相匹配，因而情绪低落。可以说，失意者是存在一定心理问题的。

出于心理动因，失意者的一些言行举动，有时会有些可笑，有时会有些可悲。失意者也许会占用你宝贵的时间、耗费你的精力、模糊你重要的判断，但要记住，失意者尽管千方百计地搜寻事物的阴暗面，但他们一般并无恶意，他们只是懦弱，值得同情。那种认为他们是自作自受的观点是不对的。

管理者对待一时失意的人，不可轻视他们的消极人生观对管理者和周围人的影响。一个集体内，要是某一个人有悲观的情绪，就有可能阻碍整个集体的前进。必须注意两种结果：一是这个团队的整体成绩是否欠佳；二是管理者本人的热情和干劲是否降低。

对待失意者除了思想帮助外，给他一个合适的工作岗位也是应该的。这时候，他们就会产生一种受人器重的心理。如将他放在流水线的末尾，在这种地方，失意者可以成为良好的监督者，即使不出现问题，他也会鸡蛋里挑骨头，要是确实存在差错，他也会比别人更能把差错找出来。

《战国策》中有这样一个故事：齐国人冯谖由于贫困潦倒，几乎没有办法维持生计了，失意非常。无奈之下，冯谖前去投靠孟尝君。孟尝君问他有什么才能没有，他说没有，但是礼贤下士的孟尝君还是把他收留了下来。后来，冯谖两次三番地对所受到的待遇感到不满，于是弹剑而歌，孟尝君闻知后，一一满足了冯谖的要求，让其在心理上也有了满足感和安全感。后来，冯谖自愿去薛地收债，通过巧妙地操纵，让薛地百姓对孟尝君感恩戴德，为孟尝君开辟了一条后路。

冯谖之所以绞尽脑汁竭尽全力地为孟尝君做事，就在于报孟尝君的知遇之恩，报孟尝君救自己于失意之中。可以说，在这一点上，管理人才的大师孟尝君确实有独到之处。其实，像这样的事例在历史上何其之多，他们最终都取得了双向的成功。

每个人都会有情绪波动，在与员工相处的时候，管理者要想拉近与员工的距离，抓住他们的心，就要讲求安慰人的“心技”，在最恰当的时候给他们以力量。可是有的人似乎天生不会安慰人。当员工在工作、生活、情感方面出现问题而伤心难过时，很多管理者就会好言相劝“没关系，坚强点儿”。要么帮助分析问题，告诉他“你应该怎么做”，还有些管理者会批评对方“我早就对你说过……”其实，这些做法不仅不能使员工得到安慰，还会使对方更加伤心。

安慰人也要讲心理技巧，要根据对方的心理活动给予最贴心的抚慰。为此，美国心理学家N·格尔马丁提出了一些安慰人的原则，可以给管理者们借鉴。

第一，安慰者必须先聆听。聆听不是保持沉默，而是仔细听听对方说了什么、没说什么以及真正的含义。所谓的聆听，应该是用我们的眼、耳和心去听对方的声音，同时不急于立刻知道事情的前因后果。由于生活体验、家庭背景、所受的教育、工作性质等不同，每个员工对于苦恼的理解不同。因此，当管理者试图去安慰一个员工时，首先要理解他的苦恼。安慰人，听比说重要。一颗沮丧的心需要的是温柔聆听的耳朵，而非逻辑敏锐、条理分明的脑袋。我们必须愿意把自己的“内在对话”暂抛一边。所谓的“内在对话”，是指聆听的同时，在脑海中不自觉进行的对话，包括动脑筋想着该说什么、如何响应对方的话，或盘算着接下来的话题。聆听时，要感同身受，对方会察觉到我们内心的波动。如果我们对他的遭遇能够“悲伤着他的悲伤，幸福着他的幸福”，对被安慰者而言，这就是给予他的最好的帮助。

安慰员工最大的障碍，常常在于安慰者无法理解、体会、认同当事人所认为的苦恼。人们容易将苦恼的定义局限在自我所能理解的范围内，一旦超出了这个范围，就认为“苦”得没有道理了。由于对他人所讲的“苦”不以为然，因此，安慰者容易在倾听的过程中产生抗拒，迫不及待地提出自己的见解。因此，安慰者需要放弃自己根深蒂固的观念，承认自己的偏见，真正站在对方的角度去看他所面临的问题。心理专家说的“放下自己的世界，去接受别人的世界”，就是这个道理。最好的管理者会暂时放下自己，走入员工的内心世界，用他的眼光去看他的遭遇，而不妄加评判。

第二，要探索对方走过的路。安慰员工的管理者常常会感到自己有义务为对方提出解决办法，殊不知，每个被苦恼折磨的员工，在寻求安慰之前，几乎都有过一连串不断尝试、不断失败的探寻经历。所以，管理者所要做的就是探索对方走过的路，了解其抗争的经历，让他被听、被懂、被认可，并告诉他已经做得够多、够好了，这就是一种安慰。

心理专家提醒安慰者一个重要的观念：“安慰并不等同于治疗。治疗是要使人改变，借改变来断绝苦恼。而安慰则是肯定其苦，而不是做出断其苦恼的尝试。”实际上，在安慰员工的过程中，所提供的任何解决方法都很可能会失灵或不适用，令对方再失望一次，故而不加干预、不给见解，倾听、了解并认同其苦恼是安慰的最高原则。

帮助员工战胜挫折

民以君为心，君以民为体……心以体全，亦以体伤；君以民存，亦以民亡。

——《礼记·缁衣》

挫折感是大多数员工在工作中经常会碰到的心理问题。引发个体产生挫折感的原因是多种多样的，既有客观因素，如：大自然的灾害、在组织内得不到上级的理解、信任使得个人才能无法发挥等；也有主观因素，如：外貌和体力不佳，过高的抱负、不合理且不符合实际的需求等，都会在某种程度上对个体目标的实现造成困扰，从而诱发挫折，产生消极情绪和不当行为反应。

对员工来说，挫折感会损害身心健康，妨碍其正常的工作、生活，生活质量下降，对工作不满情绪增加，甚至发展到最后离开企业组织；对企业来说，受挫折的员工所表现出的种种妥协甚至是消极的心态及行为也将影响到企业的和谐、稳定、发展，导致缺勤率、离职率和事故率增加，工作效率下降。

那么管理者该如何帮助员工走出情绪低谷、重振雄风呢？

管理者首先应该对正处于挫折中的员工持以宽容、信任的态度。当员工遭受挫折时，大多会丧失斗志、心灰意懒。因此，管理者应对员工持以宽容的态度，而不能漠不关心，更不能嘲笑、讽刺，应主动关心员工，帮助员工分析挫折的原因并吸取经验教训。管理者可以引导员工将挫折归因于内部的不稳定因素，如努力不够等，而不宜归于内在的稳定因素，如能力等，同时，应尽量淡化外部因素，以免引起员工的不满等情绪和行为表现。而且，管理者还应充分信任处于挫折中的员工，促使他们重塑信心，为企业发展做出贡献。事实也证明，一个人在遭受挫折后，对来自他人特别是上级的关心、信任，感受最深，同时也能够真正地发挥激励的效用。

管理者可以通过与受挫员工进行个别交谈，认真倾听员工的想法，分析其挫折产生的原因，为其提供战胜挫折的方法和建议，帮助员工找到自己的优势，提高挫折承受力，使受挫者的不良情绪及时得以排除，以达到心理平衡。当然，只有让员工信任的人员，才能真正、有效地对受挫员工提供指导和帮助。

同时，管理者应以鼓励的方式积极地引导，促使员工重新审视自己的职业目标与职业规划，使其理性地认识挫折以及学会有效地应对挫折的方式。帮助员工正确地认识挫折，引导员工采取积极的、健康的心态和行动来应对挫折，以消除挫折感并获得成功。积极地诱导受挫员工保持自信心，改变妥协的、消极的态度，尽快摆脱挫折的不良影响。如果有必要，管理者还可以帮助员工改变受挫的环境，使员工感受到企业组织的关心、同情和温暖，从而协助员工消除挫折感。

当然，从根本上来说，员工的动机受阻，需要不能获得满足，是导致挫折产生的原因。因此，通过心理疏导，对于员工不合时宜的、在当前的条件下无法满足的需求进行引导，使员工自觉地调整不适当的目标，从而避免挫折的产生。另外，还要引导员工正确认识自己的能力、所长及不足，分析实现目标的客观条件，使之自觉地调整行为目标，确定适度的抱负水平，以防挫折的发生。

汉武帝鼓励汲黯的故事，可以给现代管理者一定的参考。汲黯是汉武帝时的名臣，主爵都尉，位列九卿。在汉武帝创立五铢钱之初，民间的“盗铸”现象严重，其中尤以楚地为甚。汉武帝认为淮阳是楚地的要害之处，必得名臣就职才可以有所作为。于是，召拜汲黯为淮阳太守。不料汲黯并不了解武帝的用意，认为由朝臣改任地方官是外放受贬，所以虽然奉旨，却不受印绶。汉武帝把他召来，做了推心置腹的交流，宽慰汲黯说：“吾徒得君重，卧而治之。”意思是“我们仰仗您的威望，就可以躺在床上治理天下了”。于是汲黯打消了顾虑，高高兴兴上任去了。

总之，在挫折面前，除了个人需要用理智来克服不理智情绪外，作为企业管理者，从稳定大局出发，有责任帮助员工越过“挫折”的沟坎。各级管理者要多关注职工的思想变化，采取各种方式与之进行思想沟通和情感交流。要耐心倾听员工的抱怨和意见，对合理的要求能够解决的尽量给予满足。要用深刻的道理给职工以精神上鼓励，启发其提高信心，增强勇气，向正确的方向升华，发挥自我的才华。

对员工的尊重和关怀也是一种有力的激励手段，从尊重人的劳动成果到尊重人的人格，从关怀员工的进步到帮助解决工作与生活上的实际困难，都能产生积极的心理效应。

管理者对于员工的关怀，哪怕是微不足道，但却是出自真诚的关心，对于员工也是无穷的激励。因此，这种激励法被人们称之为“爱的经济学”，即无须投入资本，只要注意关心、爱护等情感因素，就能获得产出。

总而言之，管理者在对下属实施激励的时候，如果能够根据具体情况灵活运用各种方法，就能够取得良好的效果，达到预期的目的。

批评方法要巧妙

君子攻人，不得过七分，须含蓄以养人之愧，令其自新，则可。

——（明）吕坤《呻吟语》

在工作中，员工难免会出现错误，这时候，作为管理者往往要就其行为提出批评。然而，批评的时候不讲究策略，往往就会产生不良效果。如果管理者自己情绪失控，就会产生更恶劣的后果。

心理学家认为，当一个人被人指责说工作表现差或者是犯下了本可避免的错误时，他的心里是很不好受的。受批评的人不仅会产生防御心理，还会觉得受了伤害，灰心丧气。员工们个性不同，对自我价值的认同有强有弱，受批评时会产生愤怒、焦虑、沮丧等种种不同的反应，甚至这些反应会同时出现，这些不良情绪就是批评所导致的“情感创伤”，是一种深层次的心理伤害。所以，当员工出现错误的时候，管理者一定要采用巧妙的批评手段对其批评和训诫。出于改造和团结的目的，批评讲求方法，不能粗暴，不能由自己的性子而定。管理者可以借鉴以下几种批评方式。

一是可以采用模糊式的批评方式。比如为整顿劳动纪律召开员工大会，在会上可以说：最近一段时间，我们公司的纪律总的来说是好的，但也有个别人表现较差，有的迟到早退，也有的上班时间聊天……这就是一个典型的模糊式批评，用了不少模糊语言："近一段时间""总的""个别""有的""也有的"等。这样，既照顾了面子，又指出了问题，批评没有指名，并且又具有某种弹性，通常这种批评比直接点名的批评效果更好。

二是采用正调反唱的批评方式。这种批评方式是指管理者知道员工的过错但不提出批评，而是充分肯定或表扬员工的长处和成绩，对员工进行激励，使员工自我反省，进而认识过错、改正过错。在一般情况下，当员工工作中出现过错时，管理者要及时进行批评。所以员工普遍的心理活动是：一旦出现过错，就等着挨管理者的批评。管理者不批评员工，员工心里反而不安宁。当受到管理者的批评之后，心里的包袱也就放下了。从心理学的角度看，仿佛员工出现过错，挨了管理者的批评就扯平了。然而从逆向思维的角度来讲，对有些出现过错的员工，完全可以不用批评，而是通过表扬其本人或他人的优点，特别是和其过错相对立的优点，可以促使其本人扪心自问，主动自我反省，很快认识过错，改正过错，从而收到批评的效果。

三是可以采取旁敲侧击的批评方式。所谓旁敲侧击的批评是指管理者并不直接针对犯错误的员工提出批评或指正，而是通过某种手段引起其自我觉醒，方法可以是故意严厉地批评他人，抓住某个员工充当"替罪羊"，他受训斥时，使其他人受到震动，并因为躲过上司对自己的批评而暗自庆幸，从而不易形成反抗心理。旁敲侧击式着重体现在"敲"与"击"上，具有观点明确、态度明朗的特点，使对方在敬畏之中不得不加以改正。

总之，员工不是不能接受批评，问题的关键是批评的态度和方式是否正确；批评的态度是与人为善，还是粗暴蛮横；批评的方式是合适得体，还是无所顾忌。要使你的批评能让员工愉快地接受，欣然改之，就要善于使用“不苦口”的良药、“不逆耳”的忠言。

需要注意的是，错误的批评往往比不批评更容易带来负面后果。因此在学会批评员工的艺术之前，所有管理者都有必要牢记九个批评员工的禁忌。

一忌怒发冲冠。通常情况下，当员工有缺点或犯了错误时，作为管理者既生气又着急，这在情理之中。但此时要注意克制情绪，绝不能大发雷霆，拍桌子摔凳子，吹胡子瞪眼睛。否则，不但达不到批评的目的，反而引起被批评者的不满，甚至产生对立情绪，这样会与批评目的适得其反。

二忌恶语伤人。“良言入耳三冬暖，恶语伤人六月寒”。批评时要心平气和地摆事实、讲道理，循循善诱，含蓄蕴藉，而不要幸灾乐祸、故意挑剔，更不能尖酸刻薄、讽刺挖苦、满口脏话、污辱人格，或拿对方的过失当话柄和笑料，让对方产生逆反心理。

三忌全盘否定。对员工的错误行为，要恰如其分地指出来，是什么性质就说什么性质，有多少就说多少，不能夸大其词、否定一切。忌用“不可救药”“朽木不可雕”之类的言语，这样会让对方更加伤心失望。

四忌以权压人。作为一名管理者，自然有权对员工进行批评，但不能依仗权势来压制员工，居高临下，盛气凌人。比如宣称“我不听你解释，都是你的错，你不服不行”，甚至说“你这是目无领导”，等等，或以处分、撤职和调动工作来威胁，采用这种压服的手段，往往越压越不服。

五忌重翻旧账。批评应针对当前所发生的问题就事论事，帮助员工提高认识、改正错误，做好思想工作，不应把过去发生的问题和已经处理完的事情牵扯出来。这种翻老账式的批评很伤员工的自尊心，也是管理者的一大忌。

六忌不顾场合。对员工所犯的错误一般不要当众批评。在别人在场的情况下，批评会增加他的心理负担，会使他面子过不去，因此在批评员工时，一定要注意场合，不能随心所欲、张口就来。

七忌推卸责任。员工有了错误，常常与管理者管理不当有关，即使完全是员工的责任，管理者也应负教育不够、支持不力的责任。所以当员工犯了错误时，管理者应当合情合理地分担责任，这样批评才有说服力。

八忌不分对象。由于一个人的阅历、环境、知识、性格不同，其行为举止、道德修养也不完全一样，接受批评的态度和方式也迥然不同，这就要求管理者根据批评对象的不同特点，采用不同的批评方式，具体问题具体分析，不能穿新鞋走老路，要对症下药。

九忌没完没了。对员工的批评，不能单单靠数量取胜。即使是好话，被说上好几遍之后，也会令听者生厌的，更何况还是逆耳之言。一次批评能起效果就适可而止，无休止地唠唠叨叨只会适得其反。

谨慎对待离职老员工

> 慎终追远，民德归厚矣。
>
> ——《论语·学而》

在现代商业社会，自由经济培育了组织开放的运营体系和公司文化，表现在人力资源管理上，就是企业根据需要自主选择人才；而个体可以根据自我实现需要自由选择企业。于是，在一个组织里，人员流动不可避免。

尽管员工离职成为一种常见的现象，但是它对其他人员还是会产生微妙的影响。因为，我国历史上自古流传着“飞鸟尽，良弓藏”“狡兔死，走狗烹”的说法。对此，管理者需要审慎对待。

刘邦建立西汉以后，对各地的异姓王放心不下，担心他们作乱犯上，于是采取了一系列巩固皇权的措施。后来有人告发韩信谋反，刘邦急忙召集大家商量对策。陈平指出：韩信兵精粮足，又善于用兵，所以出兵攻打很难取胜。因此，建议刘邦找个借口把各地诸侯王聚集到陈县，然后趁机抓住韩信问罪。

刘邦依计而行，顺利拿获了韩信。但是由于没有充分的证据，只好把他降为淮阴侯。此后，韩信怀恨在心，终于开始伺机谋反。但是消息走漏，韩信被吕后与萧何诱骗到宫中，最后斩首于长乐宫。此后，刘邦又以叛乱的罪名，先后诛杀了彭越等有功之臣。尽管刘邦出于政治需要巩固了自己的统治地位，但是他这种做法始终为人所诟病。

曾子说：“慎终追远，民德归厚矣。”意思是，谨慎送终，怀念远祖，民众的德行就归于笃厚了。像刘邦那样滥行杀戮，是不能赢得民众顺服的。具体到现代企业中，就是说管理者要善待为组织作出贡献的人，如果他们离开企业，要做好善后处理，对他们怀有感激之情。如此一来，就可以对其他员工起到示范作用，获得众人的认同，增强企业凝聚力。

天下没有不散的筵席，一个组织聚集了来自五湖四海的成员，当有人因为各种原因离开时，管理者要努力做到“好聚好散”。否则，就会极大地伤害到组织的团队精神和认同理念。

在这方面，我们需要学习日本企业对员工的关心与温情，建立一种富有人情味的企业文化。

第二次世界大战后日本的经济起飞与成功，为世人所瞩目。一项研究表明，一个弹丸之地的岛国之所以能够创造高效率的经济奇迹，归根于它独特的文化和制度。

日本企业非常注重团队精神，管理者与员工之间通常都建立了良好的合作与互信关系。由于大多数企业都实行终身雇佣制，所以在面对员工退休这一问题上，许多日本公司都表现出了优秀的经营智慧。

比如，日本松下电器公司鼓励员工在60岁退休前的最后10年，回家乡的松下电器公司相关企业工作。通过实施“向家乡工作挑战的登记制度”，使辛劳一生的员工在50岁后得以优先回到家乡，这极大提升了员工的敬业精神。

用松下员工自己的话来说，这种制度相当体恤高龄者，既避免了大都市的空气和噪声污染以及上班路上浪费时间，又可以使人们在退休前保持较高的工作意愿，实现了企业与员工的双赢。正是这种笃厚的企业文化，造就了日本出色的团队精神，提升了组织运作效率。

现代企业竞争，不仅是科技、战略、资本的较量，更是企业文化的比拼。在东方传统文化中，人们对自己的最终归宿总是很在意的，离开一个组织意味着一段人生历史的结束。因此，管理者要谨慎地对待离开的老员工，做到好聚好散，从而引导其他成员认同企业的价值观，增强团队凝聚力。

关心员工的家庭

老吾老以及人之老，幼吾幼以及人之幼。

——《孟子·梁惠王上》

现代组织管理研究表明，家庭会影响到员工的情绪体验和工作态度。如果管理者有效关照员工家庭，自然就会调动他们的工作积极性，激发组织活力，增强团队凝聚力。我国古代一些管理者就深谙此道，并把它作为用人、御人的法宝，屡试不爽。

《三国演义》中有一个著名的故事，叫作“智收姜维”。说的是诸葛亮带领蜀军攻打中原，结果赵云在天水关被魏将姜维打败。见到这种情形，诸葛亮大为惊奇，一位名不见经传的守将，怎么能战胜自己的常胜将军呢?

经过仔细侦察得知，姜维是一个胸怀大志、文武双全的人，而且极为孝顺。诸葛亮爱才心切，决定收服对方。经过周密安排，他把姜维的母亲接到了自己的营寨，引诱对方前来解救亲人；然后命令魏延假扮姜维攻打天水关，让魏将怀疑姜维投降了蜀军。

一无所获的姜维战败归来，又遭到友军的怀疑，进退无路。这时，诸葛亮带领人马包围了姜维，并把他的母亲送到面前。姜维见到此情此景，在母亲的劝说下终于归顺了蜀军。

诸葛亮可以在军事上轻松打败姜维，但是不一定在精神和意志上使对方彻底归顺自己。于是他抓住对方孝顺的特点，把姜维的母亲接到自己这边，以礼相待，在关键时刻使出这招撒手锏，一举成功。

孟子说："老吾老以及人之老，幼吾幼以及人之幼，天下可运于掌。"管理者如果善于把握这种"推恩"原则，有效关爱员工的父母子女，对方就会将心比心地服务公司，忠诚地履行自己的使命。

索尼公司董事长盛田昭夫说："一个日本公司最主要的使命是培养它同雇员之间的关系，在公司创造一种家庭式情感，经理人员要学会关照雇员的家庭，创造一种同甘苦、共命运的情感关系。"

在当今商业管理领域中，"关怀员工家庭"已经成为一种发展趋势。家庭是孕育社会成员的基础，家庭成员健康愉快地生活可以为员工提供有力支持，使其勇敢面对来自方方面面的挑战。而来自组织的关怀更可以强化员工的认同和归属感。因此，面对日趋激烈的竞争压力，管理者多下点功夫关照员工家庭，让他们获得家庭的支持和肯定，可以促使对方尽情投入到工作中去，提高组织运作效率。

在麦当劳澳大利亚分公司，总裁除了每半年和年终给销售人员发放奖金外，还在每年的6月再加发一次奖金。但是，这次奖金要直接发给员工的妻子。这不仅是对员工妻子后方支持的认可，更是对她们的尊重，对员工家庭的关怀。通过这种关爱，妻子可以切身感受到组织的体贴入微，从而有助于员工获得家庭支持，避免了员工因"后院起火"而影响到工作。否则，员工家庭闹矛盾，不良情绪就会蔓延到公司，甚至影响其他同事。

所以，对管理者来说，关心员工就是关心自己，我们必须具备这样一种意识：关心员工家庭是管理者的职责。

6

第六章

协理调和

《尚书·周官》云："兹惟三公，论道经邦，燮理阴阳。"

中国传统的管理哲学，从来都认为管理者最重要的工作不是亲手管理事务，而是协调各方的关系，在大政方针的制订上，在用人设官的决策上，都要阴阳平衡，顺畅和谐，不能有所偏颇。

把握好上下级沟通

天地交，而后能成化育之功；上下交，而后能成和同之治。

——（明）张居正《论时政疏》

明代著名政治家张居正认为，上级管理者必须与下属员工保持思想畅通，这样才会造成良好的政治局面，正所谓“上下交，而后能成和同之治”。组织内部如果信息畅通，沟通及时，就可以避免很多不利的误解和偏见，更容易诱发合作行为；反之，如果组织内部沟通不畅，信息闭塞，相互之间疏远不了解，就可能导致更多的竞争。只有做到人与人的默契，才能达到事与事的和谐。

研究发现，管理人员平均有75%的时间花在处理人际关系上。大部分公司的最大开支是用在人力资源上。管理者所定计划能否执行与执行的成败，其关键在于人。从这里可以看出，任何公司最大、最重要又最不可忽视的财富是“人”。能否协调好公司各方面的人际关系对公司的兴衰成败至关重要。

沟通协调，从一定意义上讲，就是通过面对面的交谈和心灵之间的沟通，最终达到说服、教育、引导和帮助人的目的。做好这项工作，不仅需要领导有较高的政治理论素养，还需要他们掌握比较高超的人际沟通艺术。

协调沟通是团队管理的生命线，也是团队管理的润滑剂。因此，领导与员工的沟通要把握好以下几个方面。

第一，平等待人。领导做下属员工的思想政治工作时，不论是一般的交流、谈心，还是了解有关情况，或有针对性地对之说服、教育、批评、帮助，自己首先要明白一点，即相互之间虽有职位高低、权力大小、角色主动与被动等差别，但在人格上彼此是平等的。领导不能居高临下，要放下官架子，以平等的朋友式、同志式关系相待。

第二，真诚关心。每个人都渴望能引起别人的注意，得到同事特别是领导的关心、理解、同情和帮助。因此，作为领导，应注意经常观察每个下属的言行、举止、态度、情绪和工作方面的微小变化或波动，并分析产生这些情况的原因。在发现下属的某些表现反常后，只要我们能主动创造机会，例如，领导接待日、领导沟通电话等，让他把自己的担心、忧虑和烦恼倾诉出来，问题就解决了一大半。再加上一些分析和引导，并设身处地为他出主意、想办法，就会使其备感领导的关心和组织的温暖，并放下思想包袱，消除困惑、疑虑，解除后顾之忧，积极投入工作。当然，表达对下属的关心，应当是真诚的、负责的，虚情假意不行，不负责任更是有害。

第三，肯定优点、长处。肯定、赞扬和激励，是调动人积极性的加油站。领导在日常工作中要经常发掘员工做出的成绩和优点，哪怕是对平淡无奇的小事加以称赞都能打动人，在表扬的激励下，人们会把事情做得更好。善于发现每个员工的“闪光点”，并及时在适当场合给予由衷的表扬和赞誉，是思想政治工作者应当很好掌握的比批评更为积极有效的工作方法之一。

第四，设身处地。常言道：“要想公道，打个颠倒。”这就要求思想政治工作者要善于“换位思考”，学会设身处地站到对方的立场上考虑问题，甚至犯错误往往也都是有自己“正当”的想法和理由的。善于换位思考，指出对方想法合乎情理的一面，既体现出对他人观点的尊重，又可避免两种观点的正面冲突和尖锐对立。当然，设身处地和换位思考，并不等于迁就错误，而是为了体察事情的发生、发展，找准问题的原因和对方动机，以利于更有针对性地分析、引导，使对方较为容易地接受自己的观点。如果不试图理解对方，而是一开始就说一些大原则和大道理，直截了当地批评对方，便很难达到比较满意的效果。

第五，留有余地。人们大都很爱面子，有时尽管明知是自己错了，为了维护自己的面子，有的人往往也会强词夺理，甚至无理纠缠。遇到此种情况，除了需要掌握恰当的方式、方法外，还要注意留有余地，给人一个台阶下，以保全对方的面子。因此，沟通协调，切忌把话说满、说绝、说死。不然，不仅谈话会充满“火药味”，还会招致对领导个人的敌意，形成难以化解的思想隔阂。留有余地并不等于放弃原则和无条件地退让。遇到一些重大的原则问题，当双方观点分歧较大，情绪都比较激动或僵持不下时，一句“要不等我再了解一下情况后再谈”“请你回去再考虑一下，等有机会我们再谈”，不仅可以缓解一下紧张的气氛，还可以给自己留下更多的准备或研究余地。

进行相互间的沟通与交流，是一门比较复杂的艺术。准备情况、场合、时机、在场的其他人员、谈话的语气、气氛、双方的表情、情绪乃至眼神、手势等，都会对沟通效果产生较大的影响，只有在实践中不断探索、总结和积累，才能逐步提高沟通的能力。

在企业管理活动中，沟通是一个不可或缺的内容。沟通的能力对企业管理者来说，是比技能更重要的能力，营造良好的人际关系，靠的就是有效的人际沟通。实践表明，许多优秀的管理者，同时也是沟通高手，一个成功的企业不能仅有外部沟通，由于生产力来自企业内部，因此企业的内部沟通直接影响组织效率、生产进度、生产完成率和合格率。只有当企业和员工之间有了真正意义上的相互理解，并使双方利益达到最大限度上的一致，这个企业才能快速发展，并得到超高品质的产品和最大限度的利润。

俗话说：“一个和尚挑水喝，两个和尚抬水喝，三个和尚没水喝。”

说的就是人与人之间的协调问题。如果领导之间协调不当，互相推诿工作，或者人人想当领导，而不顾其他人的能力和感受，必然会导致将帅不和，指挥得不到落实，影响工作目标的实现。

所以说，要想管理好一个企业，成为一个优秀的企业管理者，就要协调好企业内部的人际关系，也只有这样的领导才会是一个优秀的管理者。

管理者要善解人意

君子莫大乎与人为善。

——《孟子·公孙丑上》

管理者能不能做到与人为善，不但关系到其能否在员工心目中建立领导力，也关系到团队目标能否实现。因此，养成与人为善的习惯，把握人性本质规律，是对管理者的必然要求。事实证明，一个单位、一个地方、一个社会，如果与人为善蔚然成风，则人与人关系融洽、齐心协力，就一定会出现事业兴旺发达、社会和谐稳定的良好局面；反之，如果损人利己、以邻为壑，那就必然会纷争不断、内耗严重、离心离德，进而导致事业难以发展。从这个意义上来说，是否与人为善，事关大局、事关稳定、事关发展；坚持与人为善，利人、利己、利社会。

一个善解人意的人，总是设身处地为别人着想，不让别人紧张、拘束，更不会让别人尴尬难堪。据说，莎士比亚在与人相处时就很善解人意。他就像一条变色龙，能根据交往对象的不同特点，随着时间、地点的变化，进行应变。文学批评家W·哈兹里特指出："莎士比亚完全不具有自我，他除了不是莎士比亚之外，可以是其他任何人，或是任何别人希望他成为的人。他不仅具备每一种才能以及每一种感觉的幼芽，而且他能借着每一次的命运改换，或每一次的情感冲突，或每一次的思想转变，本能地预料到它们会向何方生长，而他就能随着这些幼芽延伸到所有可以想象得出的枝节。"作为管理者，在与员工共处时，一定要发挥莎士比亚的这种善解人意的能力，从而在员工的心里树立一个良好的形象。

就以最平常不过的沟通来说，有的员工可能会感到紧张、拘谨。这时候，管理者就应善解人意，以主动的姿态、真诚的态度、风趣的言谈，制造出和谐轻松的气氛，消除对方的紧张心理，缩短彼此的心理距离。这样既能树立起管理者平易近人的形象，又能使下级受到鼓舞，把管理者视为知己，从而敞开心扉、倾心交谈、主动沟通。

在工作中，如果员工由于某种心理障碍造成工作进程出现问题，一个高明的管理者绝不会妄加训斥，而是为员工排忧解难。举例来说，假定一位推销员性格内向木讷，而他的工作又要求他必须积极主动。这时，管理者就应该向他讲清楚道理，告诉他胆怯和恐惧是自然的，并指出只要他愿意付出努力和汗水，以积极的心态应对，那么他肯定就能取得成功。同时，还要向他讲述一些别人是如何克服了胆怯和恐惧的事例。再向这名推销员建议：经常向自己说一句自我激励的话。相信在管理者的帮助下，这名推销员最终会行动起来，从而成为一名成功的推销员。谁都有缺点，谁都有软弱的一面，事实上，恐惧通常只有当员工面对新情况或者做一件从来没有做过的工作时才会产生。聪明的管理者一不会嘲笑员工，二不会蔑视员工，他们总是客观地看待员工的"恐惧"，积极帮助员工尽快走出恐惧的阴影，令"当事者"感激涕零，"旁观者""窃"喜在心。相信长期如此，员工们的恐惧肯定会一天天消逝。有如此善解人意的管理者，"我还怕什么?"而这又怎能不诱使他们一个个成为努力奋发、不知疲倦的员工呢？毕竟，这使他们可以无后顾之忧地大胆施才，放心创新。

总之，管理者借此可以与员工交心，拉近彼此的心理距离，让员工心甘情愿、死心塌地地为公司工作。具体来说，要注意以下三点。

第一，了解下级。了解下级的工作需要得到什么样的帮助和支持；了解下级的心理特征和情绪变化，以便调动其积极性。

第二，尊重下级。表现在支持和肯定下级的工作。对下级的意见和建议要认真听取、采纳；对下级所取得的成绩要及时肯定；尊重下级的劳动，对下级的工作给予支持。

第三，要求下级完成任务时，要清楚单凭他的力量是否能顺利完成。

对待员工要宽厚

> 品第大臣率有六等，上焉者宽厚深沉，远识兼照，造福于无形，消祸于未然，无智名勇功，而天下阴受其赐。
>
> ——（明）吕坤《呻吟语》

厚道是一个人做人的基本准则。中国古代讲，修身是立命之本，做到修身才能使家庭和国家兴旺，修身用现代语言解释就是要厚道，要讲诚信。管理者也是人群中的一分子，而且是较为出色的一分子，更应该在自身的修养和做人方面有过人之处。

另外，要使企业有生命力，就要有企业的基本准则、企业的精神和文化，这与做人是一样的，能做厚道人，就能建立厚道的企业。厚道的管理者心里时时装着员工，把员工当作自己的子女一样来爱护，替员工着想。员工也会有一种被认同的心理，有一种归属感和价值感，从而更加认同企业，更加拥护为员工着想的企业文化和精神，从而使管理者与员工之间能够建立一种双赢的关系。

要建立这样的企业文化，首要的是有一位以身作则、言传身教的好管理者，也就是“厚道人”。管理者就好像一家之主，其言谈举止、经营思路都在影响着员工的工作风格。管理者厚道，就容易将这种厚道影响给员工，让员工也具有厚道的素质，所谓“近朱者赤”就是这个道理。管理者如果厚道、诚信，一方面会给企业员工做一个好的表率，另一方面也会通过计划和执行给企业量身定做一套鼓励厚道、鼓励诚信的工作氛围和评价标准，这些都在很大程度上影响着员工的工作态度。

从心理学的角度看，厚道的管理者更倾向于寻找品行厚道的员工，这个道理就好像“物以类聚，人以群分”一样，这是厚道的企业文化之所以形成的人性基础。而员工也在挑选管理者，挑选适合自己的企业文化。这种厚道的企业文化也会对员工产生一定的影响，即使是那些本来不那么厚道的员工，在这种企业文化的熏陶下，也会逐渐变得厚道起来，从而更加有利于企业的发展。

不厚道的管理者也常常换来员工的不信任，员工对管理者存有防范心理，有心计的员工甚至会“以彼之道，还施彼身”，让管理者最终自食其果。

有个老板向管理大师诉苦说，他的公司管理极为不善。管理大师应约而至，到公司走了一圈，心中便有了底。

管理大师问这个老板：“你到菜市场去买过菜吗?”他愣了一下，答道：“买过。”管理大师继续问：“你是否注意到，卖菜的人总是习惯于缺斤短两呢?”他回答：“是的，是这样。”“那么，买菜的人是否也习惯于讨价还价呢?”“是的。”他回答。“那么,”管理大师笑着提醒他,“你是否也习惯于用买菜的方式来购买职工的生产力呢?”他吃了一惊,瞪大眼睛望着管理大师。

最后,管理大师总结说:“这主要是由于你的不厚道引起了员工对你的警惕,从而与你计较,这就是公司管理不善的病源之所在啊!”

诚然,有些管理者曾经不厚道地对待过员工,但不要认为这些管理者能长期愚弄人们。他的职员可能看上去相当文静和羞怯,但是,当这些职员的切身利益受到损害时,他们也会搏斗如虎。所以要记住,在待人的问题上,聪明不能代替善意和真诚。不要认为你能愚弄人们,他们会受你的欺骗。他们有可能会一眼看穿真相。人际交往的第一原则便是对等原则。很多高层管理者只是想到让员工努力干活,却没有想到自己也应该努力为他们创造良好的工作条件。在这样不对等的情况下,员工是不会那么拼命的。

先“理”而后“管”

与人善言,暖于布帛;伤人以言,深于矛戟。

——《荀子·荣辱》

“管理”二字,从字面上来看既要管,还要理。我们可以把这里的“管”理解为强行管制,把“理”理解为讲道理。管理员工的时候,就是要将这两个方面结合起来。然而在很多时候,对于不同员工,针对其独特的心理特点,却只能“理”,不能“管”,否则会引起他们强烈的逆反心理,最终导致事情办砸。

管理者的一言一行对部下都有很大的影响。当一个人有了过失或是处于困境的时候，一句善意的话语，会使人备觉温暖，而一句讽刺、挖苦、打击的话，哪怕是出于无心，也是对自尊心、自信心的摧毁和伤害，会使人羞愧和痛苦。

有些管理者在和员工发生口角时，经常说“听你的，还是听我的?”“这样做谁说了算?”不仅不是平心静气的批评，还用扣奖金、扣工资或者调离岗位相威胁，不是以理服人，而是仗势压人，结果常常是压而不服，最终还结下了心病。管理者遇到这种情况当然会生气，但这是没法避免的。每次遇到这类情况，就和员工大吵大闹一场，最后以悻悻离去而收场。冷静下来，仔细想一想，这样两败俱伤又何必呢?

在这种时候，不妨心平气和地与员工理论，而不是用权力强行压制对方。要知道，在很多时候，温和的管理方式要比粗暴的管理方式更有效、更高明。

如何让员工全心全意地为自己做事，的确是一门艺术。如北风一般的严酷，只会让员工更加警戒；而如太阳般的温暖，则会让他们消除心中所有的防备，一心为你做事。

事实就是这样，你没法不相信，也没法不面对。管理者只有敞开胸怀，心平气和地以理服人，才能群策群力、集思广益，使自己所在单位的事业和自己的工作顺利发展。而且一团和气盈于心中，心中无一丝怨仇嗔怒，笑口常开，你会感到前途一片光明，处理起事情来也会得心应手。“大人不记小人过”，说起来容易做起来难。为了消除上下级之间的对立情绪，领导者有时得需要委屈一下自己，设身处地地去了解对方的心理和观念，以“君子之心”度“小人之腹”。这对有缺点的员工来说，是最大的信任。只要你始终坚持这一原则，你必将赢得别人的尊敬。

有些员工的心理比较脆弱、自尊心特强、敏感多虑，这样的人特别在乎别人对他的评价，尤其是管理者的评价。有时候哪怕是管理者的一句玩笑，都会让他觉得领导对他不满意了，因而会导致焦虑、忧心忡忡、情绪低落。

通常来说，敏感就是感情脆弱、承受能力差，哪怕是微小的刺激，比如一句平常的话、一个平常的小动作、一个平常的眼神，就可能引起严重的不安全感，感觉好像要发生什么大事而紧张不安，或者感觉自己受到了伤害。

敏感的人生活在情感过于充沛的海洋里，敏感的神经随时都可以被调动起来，因为周围发生的一切都会在他心里留下深深的痕迹。过度敏感的人缺乏自信心，总是在寻找抱怨的理由。结果是，即使别人发自内心的赞扬也不足以让他们往好处去想。

敏感心理容易产生内向性行为问题，也就是心理学所讲的“非社会行为”。行为的结果更多的是对自己的否定和伤害，如退缩、孤独不合群、猜疑报复和敌视、抑郁、自责、自虐。在知道了自身的弱点后，往往会不知所措，陷入自我责备的痛苦中，整日彷徨不安，也有人在别人有意或无意地谈及自己的痛点时，会情绪反应剧烈，如暴跳喊叫、怒气冲冲，或脸色突变、手脚发抖，越想越想不开，伺机报复，等等。这样更加会引发各种心理危机，造成更严重的生理和心理伤害。

过于敏感的人终日生活在“防御”状态之下，这样只会使自己疲惫不堪。我们需要及时调节和克服敏感心理，学会从善意的角度看待别人的做法和事物，走出敏感带来的阴影。

遇到这样的员工，管理者要多给予理解，多帮助他。在帮助的过程中，要注意多做事，少讲自己的意见，意见多了会让员工觉得管理者不信任自己。适当给员工一些自主权，让他觉得自己能行，经常给予鼓励。同时也要注意不要当着这样员工的面说其他人的毛病，这样他会怀疑领导是不是也在背后挑他的毛病。要对他的才干和长处表示欣赏，逐渐弱化他的防御心理。

要弱化员工的敏感度，关键在于尊重员工的自尊心，不要当众指责、批评他，因为这样的员工的心理承受能力差。

总之，管理是门艺术，管理的根本就是协调，就是把所有人的努力拧成一股绳，指导他们去共同实现一个团队目标。管理者应该在具体工作中根据员工的不同特性，实行不同的管理方式，注重一个“活”字。在特定时间、特殊环境下，针对员工不同的心理特征，“理”而不“管”，让员工有足够的心理空间去应对各种问题。

建立和谐人际关系

天时不如地利，地利不如人和。

——《孟子·公孙丑下》

中国自古就有“和气生财”的说法，强调与人和谐融洽相处，才能顺利实现预期目标。孔子说：“礼之用，和为贵。”强调在处理社会关系时，要遵循“贵和”的原则，减少人际关系冲突，实现和谐发展的目标。

企业是一个以人为主体的多层次、多因素、多序列、多职能的有机结构。只有把企业的人与人之间、组织与组织之间的关系协调好，才能保证企业的成功。美国管理学家哈罗德·孔茨认为“协调是管理的本质”，而要做好协调工作，亲和力是居于首要地位的素质。缺乏这种能力的管理者会造成上司不满意、下属不开心、与客户关系紧张等问题，人人处在一种隔离的状态中，整个组织如同一盘散沙。

儒家很早就注意到“和”在管理中的地位和作用，通过协调各种人际矛盾，达到最佳的和谐管理境界。孔子在《论语》中就明确地提出了“礼之用，和为贵”的命题。中国历代思想家都肯定“和”在管理中的社会价值，强调人际关系和谐的重要性，只有真正做到上下、左右的协调一致，才能达到管理的最佳状态。

亲和力的重点和难点在于对人的亲近。有些管理者在企业总喜欢站在“领导”的高度正襟危坐，表现出一种不可冒犯的权威，让下属和员工不敢靠近，也不想靠近。不可否认，亲和力的形成在很大程度上来自性格，天生不喜言笑、不爱交际、自尊心太强，给自己亲和力的形成造成不少障碍，但既在其位，就需谋其政。职责要求你具备亲和力，你就得努力达到。

管理学家认为，管理者亲和力的提升需要做到以下几个方面。

首先是倾听。倾听是获取声音的一种姿态，管理者能够经常倾听下属员工的声音，是对双方都有益的事。管理者能从声音中获取信息、了解情况、帮助决策；下属员工能从倾诉里感觉自尊、明了位置、增加归属感和成就感。倾听应该是经常的事，不能仅是一时心血来潮，更不能搞花架子，要形成制度。

其次要微笑。管理者教育员工时常说：“微笑是服务的生命，没有微笑就没有企业。”但是很多管理者忽视了一点，那就是不仅要做到面对客人时微笑，还要做到对员工的微笑。前者是对外经营的需要，后者是对内管理的需要，二者缺一不可。

好的管理者不是颐指气使，而是处处拥有亲和力。亲和力是一种难得的魅力，它能唤起人们的爱心，并能使人愿意与你交往，亲和力是使人情感归依的起因，同时也是激发人际交往的动力，它对平衡人类心理起着非常好的调节作用。它可以在无形之中缩短彼此之间的差距，使沟通更加顺利。这一点对于管理者和员工来说尤其重要。

“亲和力”是领导魅力中不可缺少的重要组成部分，即使是普通人仍然需要提升自己的“亲和力”，增加自己的人格魅力，这样才能促进我们的人际关系趋于和谐。

在生活当中，亲和力和影响力经常是密不可分的，有影响力的人一定拥有非凡的亲和力。就好像我们初见一个人，他身上散发出一种独特的力量，迫使我们不得不去喜欢他。那神秘的力量便是亲和力，我们就是被这种力量给影响了。

管理者亲和，能走进员工心灵，则事半功倍。亲和，要求管理者公平公正地对待每一名员工；亲和，要求管理者在员工有事无事之时，都以一种平等的、朋友式的、彼此信任的谈话方式，多和员工们进行一些心与心的交流；亲和，要求管理者在处理违纪行为时尊重员工，允许员工充分发表自己的意见，即使是错误的，也能心平气和地听下去，不随便打断员工的发言，更不剥夺员工说话的权利；亲和，要求管理者在面对“后进员工”出现错误时，不以势压人，做到措辞柔和，不伤害员工的人格和尊严。

俗话说：“树怕伤根，人怕伤心。”其实，工作中管理者一句肯定的话语、一个会意的微笑都是“后进员工”进步的精神食粮。为此，管理者要善于发现“后进员工”的闪光点，并耐心去培养，使之不断成长，逐渐完善自我。只有在融洽的干群情感中，员工才会把管理者的批评看作是对自己的爱护，把管理者的表扬看作是对自己的鼓励，从而自觉地把道德要求和行为规范转化为自己的心理定式和良好的习惯。

提升非强制性影响力

君仁莫不仁，君义莫不义，君正莫不正。一正君而国定矣。

——《孟子·离娄上》

一个管理者成功与否，不能只看其职位的高低，更要看他是否拥有一批追随者和拥护者，依靠自身内在的影响力来行使管理职能，并使组织取得较高的绩效。管理者的影响力才是衡量其是否成功的重要标志。

我国古代著名军事家孙武曾经将军队统帅需要的领导素质概括为“智信仁勇严”，也就是智谋才能、赏罚有信、爱抚士卒、勇敢果断、纪律严明。只有这样才能让士卒甘愿服从命令，为统帅舍生忘死，拼死战斗。1971年，心理学家E·吉色利通过研究，采用语义差别量表法得出管理者特质可以分为能力、个性品质和激励3大类共13个因子。通过对比我们可以发现，现代心理学家的科学研究的结论与两千多年前的孙子所提出的管理者特质有很多相似之处。

管理者的影响力主要包括两个方面。

第一，作为管理者必然拥有强制性影响力，也就是权力性影响力。权力是构成一切正式组织的必要条件。如果一个组织的管理者不拥有某些合法权利，就不能维持正式组织并发挥其作用。

第二，管理者还须拥有自然性影响力，也就是非权力性影响力。它不是外界赋予的那种奖励和惩罚别人的手段，而是来自管理者个人的自身因素。其中包括管理者的道德品质、文化知识、工作才能和交往艺术等。

管理者对员工具有有效的影响力，除了来自他自身必须具备的权力与素质之外，还与员工群体接受影响的心理机制密不可分。这一心理机制就是导致员工一致行动的模仿、暗示和认同。

模仿是由非强制性社会刺激引起的使个人再现某一榜样的一种社会心理行为。这种社会刺激可以是榜样本身，也可以是其他事物，其特点是非强制性。在管理活动中，下级对上级的模仿，被授权者对授权者的模仿，是一种极为普遍的社会心理现象。由于管理者本身所处的地位，其品德、行为、处理问题的方法以及言谈举止和喜怒哀乐等情绪都容易被员工自觉或不自觉地接受、模仿；而管理者也往往利用"模仿"这一心理机制，来发挥自己在员工中的影响作用。

暗示是在无对抗条件下，用含蓄间接的方法对人们的心理和行为产生影响，从而使人们按照一定的方式去行动或接受一定的意见，使其思想、行为与暗示者的意志相符合。在管理活动中，管理者的一个恰当的暗示，能够直接沟通上下级之间的思想感情；一个赞许的目光，将会使员工乐于受命、勇气倍增。管理者可以运用暗示的心理机制，把自己的意志和情绪作为一种特殊信息传递给员工，从而充分发挥其效力。

认同则是个体将自己和另一对象"视为等同""相同"，从而形成彼此之间的整体性感觉。认同是保证群体或组织整体性的重要因素。在群体活动中，大体上都有一种强烈的从感情上要将自己认同于另一个体，尤其是认同于管理者人格特质的心理趋向。正是这种心理趋向，加强了群体或组织的整体性。高度的认同，还会使个体与对象休戚与共、荣辱相依。我们常说管理者要和下属打成一片，就是指管理者要具有一定的透明度，在感情上尽可能地接受下属员工，与员工要有共同的语言，以取得员工的认同。

由此可知，提高管理者影响力的主要途径就是合理发挥强制性影响力和自然性影响力的作用，一个善于将两种影响力综合应用的管理者将会取得最佳的领导效果。

强制性影响固然能从客观上逐渐养成员工遵守纪律和从事工作的某种积极性和自觉性，但这些手段毕竟只能从约束中造成一种适应性的习惯。而由各种非强制性影响力产生的效果，更能激发人们的自觉性。因为接受非强制性影响力比强制的服从要自然得多。在某种意义上讲，非强制性影响在管理者影响力构成中占主导地位，起着决定性作用。一个管理者，如果他的非强制性影响力较大，那么他的强制性影响力也会随之增高。反之，如果他的非强制性影响力较小，就会使他应有的强制性影响力降低。由此可见，要提高管理者影响力，关键在于努力提高非强制性的影响力。

在正确使用非强制性影响力时要注意主次关系。在组成非强制性影响力的四个因素中，以品格、才能因素为主，知识、感情因素为次。一个管理者如果品格因素出了问题，成了负值，那么其他因素必然会受到严重的影响，其总和可能是零。而在管理者的品格因素及格的情况下，决定他非强制性影响力大小的主要因素在于能力因素。如果管理者能力极差，根本不称职，而且品格不好，那么他的非强制性影响力可能成为零，甚至是负数。

灵活处理组织冲突

举大事，动众情，必协众心而后济。

——（明）吕坤《呻吟语》

在组织中，每个员工都有着各自的兴趣、爱好与价值准则，这也正是组织能富有活力、充满生气的原因所在。有人也将组织比喻成一个大熔炉，从四面八方加入到其中的人们，不仅带来开展生产所必需的技术知识与人力，也带来各样的处事内容、办事态度与行动原则，他们使你的组织在融百家之长的同时，也出现了“水”与“油”不可相溶的现象。

当然，在组织内部，组织成员之间发生某些冲突，这是难免的。如果冲突双方能够自我调整，协商解决问题，那是很好的结果。但这种可能性并不是很大，因为人在十分生气的情况下是很难做到克制自己、认真剖析自己、客观认识事情的，结果导致双方矛盾加剧，谁也不愿意让步。这个时候，就需要管理者的介入。管理者一旦介入，就要尽快将冲突解决掉，不要将冲突延续下去。

无论处理什么样的冲突，公平原则是你办事的准绳，你对冲突双方一定要公正，不能有偏袒。偏袒只会使冲突激化，而且还可能产生冲突移位，冲突的一方很可能会把矛头移向你，使人际矛盾扩大，冲突趋于复杂。处理人际冲突最忌讳的就是上纲上线，以显示你的公正性与合理性。

要求员工下属的劳动贡献与其所得能保持基本平衡，并善于运用精神力量来平衡因物质短缺而引起的各种失衡心态。这是互利原则。

对于管理者来说，冲突是多样的，对冲突的处理也不可用单一策略。你要针对不同的冲突内容与程序选择相应的解决策略。

一是合作策略，鼓励冲突双方把他们利害关系结合起来，使对方要求得到满足。

二是分享策略，让冲突双方都能得到部分满足，即在双方要求之间寻求一个折中的解决方案，互相做出让步。

三是回避策略，估计双方冲突可以通过他们自身调解加以解决，这样就可以回避冲突，或用暗示的方法，鼓励冲突双方自己解决分歧。

四是竞争策略，允许冲突双方以竞争取胜对方，赢得别人的同情与支持。

五是第三者策略，若存在冲突双方皆可接受的另一位有权威且易于解决冲突的第三者，可以通过他来解决冲突。

六是调和策略，在解决冲突过程中，运用情感与安抚的方法，使一方做出某些让步，满足另一方的要求。

员工之间发生冲突，管理者要迅速地处理，以求息事宁人、皆大欢喜。否则，对公司的人际关系会产生很坏的影响，如果这种影响扩散到公司的其他成员当中，则会酿成更大的麻烦。管理者要善于容忍他人的小过与缺陷，不要小题大做，不要对人求全责备。

管理者在处理自己与周围人的关系时，往往能挥洒自如，这是因为他们一般都有良好的协调能力。管理者能否与他们友好相处、互相配合、协调一致，使上下级相互沟通，同级相互信任，劲往一处使，直接关系到领导工作的成败。要有能妥善处理与上级、同级和下级之间人际关系的疏通、协调能力。

每个人有各自的长处，在关键时刻，我们更要懂得怎样用人，怎样协调他们之间的关系。组织协调能力对一个欲成大事者来说尤为重要，它能真实地反映成大事者的水平。出色的组织协调能力能让你的计划迅速展开，各种事情有条不紊地进行，才能让别人更好地为你服务。

正确对待下属的抱怨

怨之所聚，乱之本也。

——《左传·成公十六年》

人们感觉受到了不公正的待遇，自然会抱怨。虽然人们可以忍受一段时间，但如果问题长期得不到解决，其负面效应的积累就会造成突发性事件，这值得管理者保持高度警惕。如何处理好下属的抱怨，是管理工作中的一件大事。处理好了，劝服好了，工作就畅通无阻，处理不好必然产生很多麻烦。掌握一定的管理原则，还是可以大事化小的。

作为管理者，当你听到下属抱怨时，处理得当可以防止事态发展成更大的人际冲突，不让它步步升级。如果你想很好地处理下属的抱怨，一定要记住以下几点。

首先，绝对不要忽视下属的抱怨。不要认为如果你对出现的困境不加理睬，它就会自行消失。不要认为如果你对员工奉承几句，他就会忘掉不满，过得快快活活。事情并非如此。没有得到解决的不满将在员工心中不断发热，直至沸点。他会向他的朋友和同事发牢骚，他们可能会赞同他。这就是你遇到麻烦的时候——你忽视小问题，结果让它恶化成大问题。不要对提建议的员工不加理睬。绝不能以“那有什么呢”的态度加以漠视。即使你认为没有必要抱怨，但员工认为有。

如果员工认为它是那样重要，应该引起你的注意，那么你就应该把它作为重要的问题去处理。不要对抱怨置之一笑，这样下属可能会从抱怨转变为愤恨不平，使生气的员工变得怒不可遏。

其次，认真地倾听员工的抱怨。这不仅表明你尊重员工，还能使你有可能发现究竟是什么激怒了他。例如，有位打字员总是抱怨他的打字机不好用，但实际上他真正在意的是档案员打扰了他，使他经常出错。因此，要认真地听对方说些什么，要听弦外之音。即使你感觉到了对方要你迅速做出决定的压力，你也要在对事实进行了充分调查之后再对抱怨做出答复。只有把事实了解透了，你才能做出完善的决定。“急着决定，事后后悔”。记住，你的匆忙决定可能会将小小的抱怨变成大的冲突。

再次，在答复员工的抱怨时，要触及问题的核心，要正面回答。不要为了避免不愉快而绕过问题，不把问题明说出来。你的答复要具体而明确。这样做，你的话的真意才不会被人误解。无论你赞同员工与否，都要解释你为什么会选择这样的立场。如果你不能解释，在你下达决定之前最好再考虑考虑。

并非所有抱怨都是对员工有利的。对员工的抱怨表示赞同时，你不会遇到麻烦；若要反驳员工的抱怨，你就需要利用所有的管理技能，使员工能理解并且心情愉快地接受你的决定。

当你心绪烦乱时，你也许会失去控制，无法清醒地思考。在这样的情况下，你可能会轻率地做出反应。因此，管理者一定要保持镇静。如果你觉得自己要发火了，就把谈话推迟一会儿。掌握事实，然后做出公正的决定。做出决定前要弄清楚员工的观点。如果你对抱怨有了真正的了解，或许你就能够做出支持员工的决定。在有事实依据、需要改变自己的看法时，不要犹豫，不要讨价还价，要爽快。

最后，在处理员工的抱怨时，一定要秉持“自剖胜于指责”的原则。美国著名管理专家佛瑞德认为：“做主管的要多谈谈‘我的感受’

‘我的看法’，让员工多了解自己，而不是一味地指责：‘你为什么……’‘你为什么不……’‘你、你、你、……’只会把下属逼进死角，使己心怀怨愤、伺机反扑。”管理者以这种态度来对待部属，即使部属不会明着反抗你的管理，工作效率也必受影响。

政令统一，褒贬一致

赏誉同轨，非诛俱行。赏誉不当则民疑。

——《韩非子·八经》

管理者面对众多员工，记住与每个人的沟通细节是一件困难的事情。然而，下属对管理者的每句话又是非常在意的。如果上司的政令不统一，对员工的褒贬不一致，就会引起员工价值判断上的混乱。因此，做到“号令分明”是管理者的一项重要功课。

在军事行动中，听到敲鼓的声音要勇猛向前，听到鸣金的声音要立即撤退，这都是以统一的号令指挥作战的一般法则。领导一个团队，管理一个企业，也是如此。

比如，每个公司都有明确的规章制度，要求大家深入了解，必要时由负责人做出解读，消除大家的疑惑。这种制度可以使大家清楚地认识到团队的行动规则，有利于员工在同一个舞台上完成自己的职责。

在这里，政令统一既是管理的客观要求，也是一种有效的管理手段，它使大家一致行动，从而产生强大的合力。此外，政令统一还能有效提升组织运作效率，是增强竞争力的重要手段。

秦始皇统一中国以后，面对的是文字、货币、度量衡的巨大差异。

这给人员交流、商业行为造成了极大的不便。为了加强统治，秦始皇实行了统一文字、货币、度量衡的措施。以文字为例，由于社会动荡不安，各地文字的形体和读音都出现了很大不同，出现了“言语异声，文字异形”的现象。这给文书、档案的书写、阅览和传播造成了巨大的困难。于是，秦始皇发布了“书同文”的诏令，规定以秦国小篆为统一书体，废除其他字体。此后，人们使用文字不再迷惑，这对思想统一与文化认同产生了积极作用，使大家可以在很短的时间内完成交流和沟通。

韩非子说：“赏誉同轨刑之烦也，名之缪也，赏誉不当则民疑。”意思是，刑罚的繁杂混乱是赞誉失误的结果，奖赏和赞誉不相称、相互冲突，就会使大家犹豫不决。文字与货币、度量衡作为最基本的信息元素，只有统一后才能提升沟通效率。在一个组织里，管理者政令统一、褒贬一致，才能让下属明确行动方向，实现团队高效运作。

韩非子认为，只有对不当行为给予相应的处罚，才能树立起管理者和管理制度的威严。有效奖赏就是“信赏尽能”：企业不但要对有过错的员进行惩罚，还要对有功于企业的员工进行厚赏，惩罚与奖赏是企业管理员工的两个重要手段，途径虽然相反，但最终目的是一致的，即使员工为企业创造更大的利益，实行厚赏与承诺的相一致。

对管理者的启示就是：第一，企业管理者不能过分仁慈，否则管理制度就无法得到切实的执行，管理者也不能树立起威信，企业禁令也不能得到贯彻执行。第二，执行企业管理制度时必须一视同仁，管理者不能待己（包括亲信、亲戚）以宽，待人以严。第三，管理者对于有功于企业的员工的物质奖励不能太轻，企业管理者必须给予一定的物质奖励才能有效地留住员工，当前流行的股权激励等即是有效奖励方法之一。第四，还要重视对员工的精神奖励，充分的精神奖励能调动员工的积极性和创造性。

东汉末年，天下大乱，各地诸侯纷纷扩展自己的地盘。袁术为了让属下给自己卖命，做出了种种承诺。比如，为了让孙策攻下九江，袁术许诺将来让他当那里的太守。但是，后来袁术却任用陈纪。

袁术政令不统一，结果在属下面前失去了起码的信用，后来孙策以征讨江东为名，在那里建立了自己的根据地，而袁术则穷途末路。在现代企业管理中，管理者如果赏罚不当，就会给人带来疑惑，使人摸不清你的意图。而在一个企业里，管理者提倡什么、反对什么，事关团队行动方向。

管理者发布号令、实施赏罚，一定要三思而后行，坚持统一的原则，为员工创造一个指令明确的工作环境。

7 第七章 授之以权

汉昭帝始元六年，御史大夫桑弘羊与各地“贤良”“文学”论于朝堂，由桓宽集为《盐铁论》一书，保存了许多先贤的管理思想。有“文学”提出“任能者责成而不劳，任己者事废而无功”的观点，正是中国管理哲学中授权管理之滥觞。

作为管理者，事必躬亲并不一定能够做好每一件事情，反而会把自己弄得焦头烂额。聪明的管理者应该充分利用下属的力量，把事情交给下属去做，自己只管一些重要的事情。能够认识自己的才能，发现别人的才能，并将别人的才能为我所用，就等于找到了成功的力量。

合理授权，分身有术

俊乂在官，百僚师师，百工惟时，庶尹允谐。

——《尚书·皋陶谟》

管理者必须懂得授权的艺术，否则很可能会费力不讨好。管理者把权力完全放下去，下级就会各自为政，只考虑局部不考虑整体，组织的效率就会降低；把权力完全集中起来，决策的速度快了，力量更集中了，但是不能调动下级的积极性，而且没有了集体智慧的支持，决策容易出现偏差。所以要在收放之间掌握一个度。例行的、风险小的、结构化好的、重要程度低的、有定论的事情，就可以放一放；例外的、风险大的、不确定性强的重大事件，就要收一收。管理者如何发现自己需要授权呢？可按照以下几点分析和诊断：自己是否经常有公事带回家做？是否经常由于下属向你请示问题而打乱自己的工作？下属是否经常遇事不能做主而缺乏应有的积极性？自己忙于事务性工作的时间是否多于用于计划、指导和监督的时间？自己是否觉得凡事只有自己亲自动手才能感到放心？自己是否经常做不断重复的工作……如果存在上述情况之一者，就证明你揽事揽权太多，力不从心，这时就需授权了。

现代社会活动错综复杂，一个管理者即使有三头六臂，也不可能事必躬亲、独揽一切。一个高明的管理者，其高明之处就在明确了下级必须承担的各项责任之后，授予相应的权力。这样能使每一个层次的人员都能各司其职，各尽其责。管理者除了做出必要的示范之外，一般对下属无须太多干预，不宜事无大小一律过问。

道家认为，一切有为之治都会使天下之人“淫其性”而“迁其德”，因此“君子不得已而临莅天下”就应当“莫若无为”。无为，然后能无不为；无为，然后能有作为。统治者应该以清静无为、无欲无争规正自身，人民就自然地回归于纯朴，社会就自然地趋于安定，从而呈现出国富民安的太平世界。相反地，如果事必躬亲，经常有事需要处理，就不能治理天下了。

西晋哲学家傅玄说：“能让士大夫忠于职守，服从命令，让诸侯国的君主守住自己的土地，让朝廷三公总揽天下大事，那么天子就可以优哉游哉地坐在那里统治天下了。”这个秘诀是什么呢？看看尧、舜是怎样治理天下的就明白了。

在尧的时代，舜作司徒，契作司马，禹作司空，后稷管农业，夔管礼乐，垂管工匠，伯夷管祭祀，皋陶判案，益专门负责驯化用于作战的野兽。尧不管具体的事，悠悠然地只做自己的帝王。那么，这九个人怎么会心甘情愿地做臣子呢？这是因为尧懂得这九个人的才能和长处，然后量才使用，而且让他们每个人都成就了自己的一番事业。尧因此而统治了天下。

有的管理者手下有很多人，事务繁多，时间总是不够用，如何才能管过来呢？其实，掌控全局不一定要控制每一个人或每一件事。很多时候，真正起作用的就是那几个关键人物，只要控制住这些关键人物，你就等于控制了全局。

英明的管理者都善于利用少数人去控制多数人，这是他们独到的御人方法。很多时候，真正起作用的只是少数几个人，我们在工作中应当让少数几个人去控制大多数人，这样可以形成分层、分级管理，减轻自己的负担，使整个组织运转有序。

所以，管理者善于授权很重要，授权是管理者从繁杂的工作得以脱身的法宝。如果你不想被下属看成是权力的“守财奴”，如果你不想事必躬亲以致积劳成疾，就必须授权。学会管理的分身术，你不仅可以轻松地进行管理，还能让下级感激你的重用，让他为你创造更多的价值。

有一个企业的老总，她是一位非常敬业的企业家。公司里的事，不分大小，她都要亲自过问。她手下有 5 个副总级的干部，但她还是不放心，不放权，一个人忙得团团转，身体累垮了，企业还是不断地出问题。

一个人的精力毕竟是有限的。你不可能什么都想得到而又什么都不想失去。你必须学会授权。

管理者要分清什么事该亲自处理，什么事可以让别人去办以及选择什么人代表自己办事。现代化管理面临政治、科技、经济、社会协调等千头万绪的工作，即使你有天大的本事，光靠自己一个人也是绝对不行的，必须依靠各部门的集体智慧和群体功能。这就要求管理者能够根据不同职务，授予下属以职权，使每个人都各司其职，各负其责，各行其权，各得其利，职责权利相结合。这就能使管理者从繁杂的事务中摆脱出来，把更多的时间和精力用在解决全局性的问题上。

最好的管理是减少管理

道常无为而无不为。侯王若能守之，万物将自化。

——《道德经·三十七章》

现代企业大多建立了严密的组织机构和管理制度，从财务部、营销部到公关部、业务部，令人眼花缭乱的组织架构成为管理者有力的助手。

但是，在实际运作中，许多管理者陷入了日常事务管理的泥潭不能自拔，管理绩效也不能达到理想的预期目标。为什么兢兢业业、努力“作为”却没有成效呢？

事实上，每一位管理者都追求卓越的管理，今天面对网络信息化与全球化的变革，最高明的策略不是跟随表面的变化采取行动，而是把握管理的一般原则，实现“无为而治”，也就是老子提出的“无为而无不为”。历史上许多深谙此道的人都建立了非凡的功业。

秦朝政权瓦解后，长期的楚汉之争给社会经济造成了巨大破坏。西汉初期，整个国家陷入了百业凋零的状态，同时北方匈奴的威胁依然存在，发展经济、安定四方成为汉代统治者的首要任务。文帝与景帝都认识到了“顺民之情，与之休息”的重要性，纷纷制定了休养生息的治国方略，奖励农耕、提倡节俭、不征收苛捐杂税。经过几十年的发展，终于使社会经济得到恢复和发展，国家实力逐步增强。

休养生息作为一种治国之道，其思想基础就是无为而治。在现代公司治理中，奇美实业管理者秉承老子无为而治的思想，采取“不管理”策略，颠覆原有管理理论与组织设计，创造了出色的经营业绩。在奇美集团内部，命令传达均以口头方式进行，没有设立专门的组织管理部门；最高决策者每周只来公司两次，在自由交谈中实现有效沟通。这些显然不符合经典管理学关于组织架构的描述，但是它却非常有效地提升了组织的获利能力。用奇美管理者的话来总结就是：“不管理是一种改造过的、合乎人性的管理理念，它尊重每一位团队成员，通过员工自我管理，充分发挥个人潜能，进而提高工作效率，降低组织运作成本。”

由此可见，无论是国家治理，还是商业管理，管理者以包容的精神适当给下属自由，就会调动他们的积极性；下属没有感觉到被领导、被驱使，就会主动完成任务。称职的管理者应该“只做自己该做的事，不做部属该做的事”，用现代管理术语来解释就是，管理者要懂得合理授权。

海尔集团总裁张瑞敏十分清楚自己的角色，善于根据市场环境变化制定组织发展战略。面对家电行业日趋激烈的竞争以及迅速蔓延的全球化浪潮，他从 1998 年开始果断推行“流程再造”。具体来说，每个人都直接面对市场的销售利润，从而打通员工与市场的壁垒。依靠这种企业内部的“压力传导机制”，员工开始进行岗位“自我管理”，人才的潜能和优势被充分释放出来。

张瑞敏的“流程再造”，说到底是让员工树立“人人都是管理者，都是重大决策参与者”的工作理念。通过这种合理的授权，企业的人才优势转化为市场竞争力，从而使企业在国际竞争中处于不败之地。

三九集团总经理赵新先，1985 年在深圳笔架山脚下的铁皮工棚里创办南方制药厂时，企业只有 6 个人。赵新先是厂长，若再设两个副厂长，那就成了三个将军三个兵，没法工作了。赵新先没有给自己配副手，而实行领导个人负责的办法。其余 5 个人，各自独立负责一摊工作，也都没有配副手。

赵新先发现这个办法使得企业用人少、矛盾少、效率高，也就长期沿用了下来。直到1992年该企业已拥有了50多家子公司，其中包括12家跨国公司，这种管理机制仍然没有改变。

在三九集团，赵新先是总经理兼党委书记。总经理下面不设副总经理，配有三个党委副书记，没有专职的。副书记分别兼任一个二级公司的总经理。

在南方制药厂，赵新先是董事长兼厂长，也不配专职副手。4套班子一个人。一个人说了算，这样干赵新先是否会疲于应付呢？

赵新先说："我只管50多家二级公司的一把手，而且把权力充分下放给他们。因此，实际上很潇洒。"

在赵新先手下有50多名大权在握的二级决策者。赵新先把六大权力下放给他们：班子组阁权、机构设置权、人事调配权、生产经营决策权、财务收支权和工资奖金分配权。

管理者都知道人力资源是企业最宝贵的财富，关键是如何发挥团队成员的创造性。老子说："化而欲作，吾将镇之以无名之朴。"意思是，事物发展都有自身的规律，我们要尊重它的内在冲动，合理引导。

著名心理学家马斯洛提出了著名的层次需要理论，其中"自我实现需要"是个体最高层级的目标。因此，管理者通过合理授权，把日常事务的管理下放，就能充分调动员工的积极性，实现人力资源的最大价值；而管理者就能致力于组织战略方针的制定，达到无为而治的境界。

“将将”胜于“将兵”

用之则如虎，不用则如鼠。

——（唐）李丹《为崔中丞进白鼠表》

真正卓越的管理者是不会感到忙碌和劳累的。因为他们懂得找到合适的人，让合适的人去经营，而自己则保持精力把眼光放在重要的决策上。获得授权的下属也因此能够发挥自己的能力。

有一次，汉文帝问右丞相周勃：“全国一年判决多少案件？”

周勃推辞说：“我不知道。”

汉文帝又问：“全国一年钱谷收入支出多少？”周勃又推辞说不知，不免汗流浃背，对自己不能回答感到羞愧。

汉文帝又问左丞相陈平，陈平坦然答道：“陛下如果问判决案件，可责成廷尉回答；问钱谷出入，可责成治粟内史回答。”

汉文帝质问：“如果各有主管者，那么你主管的是什么事呢？”

陈平回答说：“陛下不知道我能力低下，让我担任宰相。宰相的职责，对上辅佐天子调理阴阳，顺应四时；对下抚育万物，使各得其宜；对外镇抚四方各族和诸侯；对内使百姓亲附，使各级官员都能胜任其职。”

文帝称赞他回答得好。

聪明的管理者即使自己很优秀，他也知道还有比自己更优秀的人，他的职责就是如何寻找并发挥这些人的智慧，来完成自己的工作。这正如管理专家旦恩·皮阿特所说：“能用他人的智慧去完成自己工作的人是伟大的。”

一位大包大揽的主管是不可能把所有事情都处理得十全十美的。在瞬息万变的商场上，管理者的判断往往会决定一个企业的成败。建立分权机制，有利于企业灵活机动地处理问题，变一人独断为大家共同决定，这就大大地减少了判断错误带来的风险。有一些大企业是第一代主管创办起来的，但实际上他已经有些跟不上形势了。在这样的情况下建立分权机制，能够保证公司决策正确且更加具有意义，而且分权作为一种制度固定下来后，对于权力观念色彩重的主管也具有强大的约束力。太平鸟集团有限公司董事长张江平，给了所有商人这样一个建议：“跟手下的人像朋友一样相处，他们会负你吗？你越放手给他们，他们的胆子就越小，压力就越大；如果你自己牢牢抓着签字权，那他们还有什么压力？”

指挥千人不如指挥百人，指挥百人不如指挥十人，指挥十人不如指挥一人。适当授权，既轻松了管理者自己，还满足了员工，何乐而不为呢？

正所谓“成也用人，败也用人”。尊重人才，授权给人才，让人才发挥智慧为企业工作，是聪明管理者的授权之道。也许有些老板会认为，如果把事情都交给手下的人去做，那么怎样才能保证他们做好？更何况，充分授权后容易出现下属过度使用权力的情况，事实上，只要掌握了授权的方法，这种担心完全是没有必要的。正如韩信评价刘邦虽不善于“将兵”，但是善于“将将”。善于用兵与善于用将相比，后者显然高明多了。能够成功地授权，便可以获得成功。

授权是一项政策性、原则性很强的工作，必须要慎重行事。如果被授权者选不好，那么不仅难以出现预期的效果，还会为管理者添麻烦，诸葛亮授权马谡即为明证。选好被授权者，是授权工作中基础和关键的一环。在授权过程中，需要谨记以下三点。

第一，不可把授权当成推卸责任的“挡箭牌”。现实中有些管理者不知“士卒犯罪，过及主帅”的道理，错误地认为授权后，事情自有被授权者全权负责，管理者就可高枕无忧了，这是非常错误的。须知，管理者在授权时必须彻底，但对于授权后部属所做的一切事情，仍然要承担责任。诸葛亮误用马谡，失守街亭，班师回来马上上书引咎自责，请求贬官三级，以负“用人不当”的责任。诸葛亮这种严于律己、勇于承担责任的精神实在令人敬佩。

第二，不可模棱两可。有的管理者在授权时总放心不下，总对部下有疑虑，经常干涉被授权者，阻碍其权力的正常行使。结果搞得下级很被动。还有的管理者授予下级的权力与下属所负的责任极不相称，使下级面临“责大于权”的状况。

第三，不可越级授权。管理者不可把中间层的权力直接授给下属，这样做会造成中间管理层工作上的被动，扼杀他们的负责精神，久而久之会形成“中层板结”。如果出现中层管理不力的情况，管理者要进行机构调整，解决中层问题。

尽管从某种角度说，管理者能够授出的权越多越好，但并不是说要将所有权都授出去而自己挂个空衔。如果这样，企业就无须管理者了。在授权问题上存在禁区，有的权多授为好，而有的权则少授甚至不授更好。一般来说，授权的禁区有：企业长远规划的批准权，重大人事安排权，企业技术改造和技术进步的发展方向决定权，重要法规制度的次主权，机构设置、变更及撤销的决定权，对企业重大行动及关键缓解执行情况的检查权，对涉及面广或较敏感情况的奖惩处置权，对其他事关全局性问题的决策权。所有这些权力，都需要由高层管理者掌握，一旦将这些权力授予下属，管理者便会变成有其职无其权的“傀儡”，管理也就有名无实了。

疑人勿用，用则勿疑

疑则勿用，用则勿疑。

——（南宋）陈亮《论开诚之道》

越是高明的管理者越愿意授权于下级，特别是对于远离指挥中心、独当一面的负责人，则更应该通过授权这一手段来充分发挥他们的独立负责作用。同时，作为管理者要注意的是，授权不是交权，更不是大权旁落。什么时候授，授到什么程度，什么时候收回等，都有许多学问，同样，也应当引起重视。所以，下放权力需要注意一些问题。

首先，授权要当众授权。当众授权有利于使其他与被授权者有关的部门和个人清楚，管理者授予了谁什么权、权力大小和权力范围等，从而避免在今后处理授权范围内的事时出现程序混乱及其他部门和个人“不买账”的现象。当众授权，还可以使被授权者感觉到管理者对他的重视，感觉到肩上的担子，从而使他在今后的工作中更加积极、主动、有成效。

其次，授权要有根据，最好采取书面授权的方式。书面授权有备忘录、授权书、委托书等形式。采用书面授权，具有三大好处：一是当有人不服时，可借此为证；二是明确了其授权范围后，既可以限制下属做超越权限的事，又可避免下属的“反授权”行为；三是可以避免管理者将授权之事置于脑后，又去处理那些熟悉但并不重要的事。

授权最重要的是“用人不疑”。一个好的管理者必须要善于用人，而要使用好一个人必须做到信任一个人，否则有再好再多的人才也等于零。如果你根本就怀疑这个人，就不要使用，而使用的人才你就要放手让他去做，你做好保障工作就可以了。

战国时，魏文侯令乐羊率兵讨伐中山国，乐羊很快就包围了中山国国都。乐羊的儿子乐舒恰好在城中，被当作俘虏押到城楼上，威逼乐羊退兵。乐羊不肯退，反而要求中山国国君投降，中山国便采用缓兵之计，要求一个月的时间考虑。乐羊答应了，不再攻城。这样一而再，再而三，过了三个月。乐羊的属下对他的做法表示怀疑，乐羊解释道，我不是为了顾全父子之情，只是为了收买人心罢了。我们如果一味攻城，只会让中山国的人团结起来，同仇敌忾地对付我们，而这样呢，中山国国君再三食言，就会大失民心。而魏文侯对乐羊的做法似乎表示理解，什么也没有问，只是不断地送东西到前线犒赏军队，并告诉乐羊，正在魏国给他盖房子，等着他回去住呢。

又过了一个月，中山国国君还是不投降，乐羊便命令攻城，中山国国君再拿乐舒威胁，但乐羊不为所动，任凭他们杀死乐舒。魏军很快就攻破了中山国，乐羊得胜班师，魏文侯亲自出城迎接，大摆宴席，百官也都过来祝贺奉承，乐羊也面露骄色。宴会后，魏文侯赠送了乐羊两个大箱子，乐羊本来以为是什么金银财宝，回家打开一看，就呆了，里面全是攻打中山国的时候，大臣们弹劾他的奏章。如果不是魏文侯压下这些奏章，乐羊也不可能取得灭国之功。

为了做到“用人不疑”，授权后要保持一段时间的稳定，不要稍有偏差就将权收回。如果今天授了权，明天就立即变更，会产生三种不利：一是这样做等于向众人宣布自己在授权上有失误，需要纠正；二是权力收回后，自己处理此事的效果更差，还会产生副作用；三是容易使下属产生管理者放权又不放心的感觉，觉得不被管理者信任，有一种被欺骗的感觉。更有甚者，他会对管理者怀恨在心，伺机报复，而成为管理者前进道路上的绊脚石。因此，在授权后一段时间，对下属可能犯错误应有心理准备，即使被授权者表现欠佳，也应通过适当的指导或创造有利条件让其将功补过，而不要马上收权。另外，管理者在授权以后，要着重看下属的工作成效，不要斤斤计较其执行工作的手段，不要因为下属的工作方法与你的不一样就轻易动摇授权。

有意或无意地收回授权，这种现象并不少见。当你已明确授权某人做某事后，如果在见他时漫不经心地问了一句："你的计划向某某谈过了吗?"你会发现他像一个泄了气的皮球，因为你的那句话，等于从他那里把一切授权都拿了回来。也许你是无意的，但客观的效果是，不管他愿不愿意，他都会照你说的去同某人讨论那个计划，那么真正的授权也就结束了。

虽然有的管理者认为把事情交代得清楚就是亲切的表现，但有时会让对方有不被信任的感觉。所以，管理者不要什么事都说得太清楚，当然，也不能什么都不说。把事情都交给下属运作，可能会有"遗漏"，或是错误发生。所以，管理者对部门内工作的运行，一定要有详尽的了解。至于是不是要一一做说明，那就另当别论了。总之，说出口之前，仔细考虑清楚是很重要的。最好的方法就是观察执行者对工作的了解到底有多少，然后再做重点式的指导。

选对左膀右臂

有贤不能知，与无贤同；知而不能用，与不知同；用而不能信，与不用同。

——（北宋）司马光《资治通鉴》

对于一个管理者来说，选择副手也是很重要的。副手得力，那么公司运营就正常，你的心力也可以更加集中在公司的发展上；副手不得力，那么公司的很多不需要你来处理的问题势必也会由你来全权处理，这对于一个管理者来说并不是一件有利于公司长远发展的事情。

那么，管理者该如何选择自己的左膀右臂呢?

首先，所选副手要能够弥补你的不足。比如管理者认为自己的财务能力较弱，则应找一位财务能力强的人；如果认为自己的人事能力弱，则应找一位在这方面有能力的人。总之，管理者和副手之间应该是相互取长补短的关系。

由此可见，能成为管理者助手的人必须与管理者的性格相投，还要能理解管理者感情变化的人，而管理者也要在某种程度上加以自控，相互让步才能很好地配合。

其次，副手要充分体谅管理者。副手也应充分考虑管理者的苦衷，还要了解他的性格。即使自己是内行，在提意见时也要措辞适当，不要让人产生“唯我正确”的感觉。

最后，不能用唯命是从者。这类人对自己的上司唯命是从，既没有自己的主见，又没有自己的风格。没有现成的模型，他就什么都做不成。世界上的事物瞬息万变，他们难以应对新情况和新问题。而且，这种人缺乏远见，也没有多少潜力可挖。

公司的发展在这类人的操作下，难以出现突破性的进展。尽管不少爱慕虚荣的上司，很愿意让自己成为下属模仿的对象，但是真正想在事业上有所作为的管理者，是绝不会选这种人作为主管的。

一旦你选定了副手，如何才能在无形之中牢牢地掌控他们呢？

第一要提高副手在员工中的威信。人各有缺点，下属和群众对副手们难免说三道四。正职对于群众的议论，需要加以引导，但不能下令禁止。如有人在正职面前议论某副手的短处，正职千万不能随声附和，自己更不能带头议论，否则，副手便无法开展工作。即使下属和群众的意见是正确的，也只能先耐心听取，然后通过与本人交换意见后再予答复。对副手们的缺点和不足，要和他们当面交谈，在下属和群众的面前则应多讲他们的长处。

第二要多进行思想交流。正职对工作有什么新的想法，想干什么，在下面听到什么反映，只要不是属于不该公开的话，都应及时地向副手们说出来。是自己的想法，与他们进行讨论；是群众的意见，与副手们进行交流。看到某人有什么缺点，及时帮助指出，以引起注意。正职和副手们经常交流思想有助于加深彼此之间的感情。总之，要与副手在工作上合作得力，要使他们团结在你的周围，了解他们的缺点，因人而异，委以重任，使他们对公司做出贡献。

作为管理者，要防止放弃职权的现象，抓住必要的权力。

明朝皇帝朱由校把大权交给了奸臣魏忠贤，每当魏忠贤向他问事时，他总是说：你看着办吧，怎么办都行！结果导致了魏忠贤遍设锦衣卫（相当于特务组织），肆无忌惮地杀戮重臣名将，造成了大批冤案。在今天，这种放弃职权的现象也时有发生。总的来说，管理者无论如何授权，都应把握住三大权力，即事关单位重大前途的最后决策权、直接下级和关键岗位上的任免权、下级之间相互关系的调控权。

总之，管理者一方面要授权下级，另一方面还要掌握授权的“尺度”。掌握授权的分寸，才能取得最佳效果。

管理者不与下属争功

万物作焉而不为始，生而不有，为而不恃，功成而弗居。夫唯弗居，是以不去。

——《道德经·二章》

管理者所有的地位、权力很容易使其产生优越感和满足感，不能自然地与下属“较量”。比如，在一次工作失误中争执谁对谁错、为了顾及自己的权威而损害下属的利益，要知道，这是一种错误和危险的管理意识。

TCL集团首席运营官袁信成曾经谈到职业经理人获得成功的自我修炼艺术，其中包括：不与员工争利、不与下属争权、不与同级争功、不与上司争名、忠于团队组织、帮助他人成长等理念。这与老子倡导的管理者之“德”是一致的。

老子说：“生而弗有，为而弗恃，长而弗宰，是谓玄德。”意思是，创造他但不占有他，提高他但不认为是自己的功劳，培训他但不去主宰他，这便是管理者最高的“德”，是管理者必须遵循的大道。

汉武帝韬光养晦多年后，终于登上王位。在一系列重大治国举措中，他有章有法，丝毫不见在人才使用方面捉襟见肘的窘态。原来，汉武帝蛰伏期间，一直在选拔和培养人才，把董仲舒、东方朔都纳入了他的门下。特别是对卫青，汉武帝可以说是自己精心培育起来的。

卫青原来是平阳公主家的骑奴，善剑术而通兵法，汉武帝没有因为他出生卑微而弃之不用，而是让其在羽林接受严格而系统的军事培训，之后委以重任，直至做到大将军。

在地位稳固之后，汉武帝并没有放松开发人才，他把卫青的外甥霍去病作为重点培养对象。在熟悉卫青作战方式的赵信返回匈奴后，他派霍去病攻打右贤王的军队，使匈奴摸不透汉军的战术。

创造他但不占有他，提高他但不认为是自己的功劳，培训他但不去主宰他，汉武帝无疑是这方面的管理专家。他培养卫青等人的作战意识和战术手段，却不在具体问题上发布命令，而是让大家发挥自己的聪明才智获得成功。

汉武帝使卫青、霍去病等人成为一代名将，实际上是在成就自己不朽的功业。试想一下，如果没有可供使用的将帅，不能指导下属获得成功，汉武帝一个人怎么能指挥千军万马、开创大汉雄风呢？

英国管理学家卡德伯里认为："真正的管理者鼓励下属发挥他们的才能，并且不断进步。失败的管理者不给下属以自己决策的权力，奴役别人，不让别人有出头的机会。好的管理者让人成长，坏的管理者阻碍他们的成长；好的管理者服务他们的下属，坏的管理者则奴役他们的下属。"

由此可见，在一个团队里，只有每个员工把自己的工作做好、不出差错，管理者才能获得最后的成功。因此，管理者最有效的管理方式是根据员工的才能、潜力委派任务，再适时加以指导和引导，帮助对方获得成功。

瑞典爱立信公司一直是电信业的领导者之一，业务遍布全球 140 多个国家和地区。多年来，它在电信及相关设备供应方面均处于世界领先地位，那么这艘巨船是如何经受风浪考验、始终屹立不倒的呢？

爱立信公司的管理者非常清楚，企业想要在风浪滔天的海洋中安全行驶，必须依靠船长、水手等全体成员同舟共济。为此，它建立了一套高效的人力资源管理和开发模式，确立了有效的“合格管理者方程式”。

爱立信认为，“管理者等于业务经营者加上运营管理者加上能力开发者”，也就是说，管理者首先要关注并倾力于业务工作，同时，大力塑造良好的团队气氛。更为重要的是，管理者必须提升自己对员工能力的开发与管理水平。具体来说，要求管理者在员工个人素质与工作经验的基础上，领导和激励团队实现目标，有效地赋予下属责任和权力，并跟踪他们组织实施。这种员工互助精神使爱立信的商业计划和管理目标最终得以实现，逐步占据了行业先锋地位。

中国传统文化历来抱持“士为知己者死”的立身信念，这些传统道德观念已经深入到国人的灵魂深处。所以，现代企业管理者一定要避免单纯发号施令、监督控制，甚至与下属争功。有效的管理策略是激发大家的工作热情，帮助对方获得成功，学会与下属分享功劳。

如果你的组织团队绩效不佳、人心涣散，那么从现在开始为给员工搭建一个自我展示的舞台吧。通过给普通员工成长的机会并帮助对方成功，来使组织进入良性发展的局面。

严格岗位责任制度

规矩备具而能出于规矩之外，变化不测而亦不背于规矩也。

——（南宋）吕本中《夏均父集序》

没有规矩，不成方圆。人类社会用数千年的智慧和经验，建立起以法制为基础的“规矩”，用来规范人们的行为准则，形成社会共融相处的“方圆”。任何“人性”的自由都必须是有前提的，所以，在实行授权管理的时候，一定要正视企业管理中规则与秩序的重要价值，建立严格的岗位责任制度，避免下属越位，实现人尽其责。

在我国历史上，围绕着皇权，自始至终存在着外戚与宦官专政的危险。东汉末期，外戚和宦官的势力此消彼长，在很长的时间里左右着政局的发展。特别是十常侍乱政，更加剧了东汉政权的瓦解。

赵忠、张让等宦官握有重权后，经常密谋铲除异己。为了谋取私利，他们还派人向打败黄巾军的将士索要财物。后来，十常侍为了求得自保，诱骗大将军何进入宫，将其消灭，天下由此陷入了大乱的局面。

贵族仲孙、叔孙和孟孙完成祭祀后，用天子才能使用的音乐《雍》来撤除祭品。孔子不禁感叹道：“‘相维辟公，天子穆穆’，奚取於三家之堂?”意思是，诸侯恭敬助祭，天子肃穆主祭，怎么拿它用在这三家的厅堂上呢？在孔子看来，违背祭祀的规则，产生越位行为，就会使人们的道德观念和社会秩序遭到破坏。以十常侍为例，宦官只是宫廷里的侍从，然而他们借助自己的地位享受特权，甚至涉政、乱政，结果就严重危害了国家的安定和发展。

因此，在企业管理过程中，为了避免“不在其位而谋其政”，管理者需要建立权责明确的职位描述与岗位管理制度，从而帮助员工把握自己的组织角色，使管理者合理配置和使用人才，实现人尽其责。

作为一家高危险行业公司，杜邦已经有 200 多年的发展历史了。那么它是如何实现安全生产、提升组织运作效率的呢？在长期的生产实践中，杜邦积累了丰富的安全操作经验。公司管理层意识到，只有建立严格的岗位责任制度和科学的操作流程，企业才能生存和发展。于是，公司管理层开始致力于安全生产体系的建立，并形成了“一切事故均可避免”的经营理念。

在杜邦的记者招待会上，主持人经常提醒大家安全通道的入口位置；每当有人参观生产车间，杜邦都会派专人陪同……多年以来，组织成员严格遵守岗位制度，几乎没有发生过越位行为，创造了杜邦工业安全生产的典范。

孟德斯鸠在《论法的精神》中指出：“一切有权力的人都容易滥用权力，这是万古不变的一条经验。有权力的人使用权力一直到遇有界限的地方才休止。”因此，在组织内部建立秩序是非常必要的。科学合理的岗位责任制度就像足球场上关于越位的明文规定，保证了企业内部权力的制衡和有效运行。

事实上，一个人的权力越大，就越需要对其监督和制约。比如，美国总统既是国家元首，也是三军统帅，具有至高无上的权力。为此，美国国会和司法部门都有严格的制度对其加以约束。在企业中，管理者需要通过职位描述对中层管理人员的权限做出明文规定，从而使大家各安其位，有效避免内部争斗，促进公司健康发展。

8 第八章

谋划决断

三国时，谋士郭嘉见袁绍，几番接触，看出袁绍“多端寡要，好谋无决”，遂投曹操。最后，袁绍也败在“多端寡要，好谋无决”这八个字上。

谋划与决策是相辅相成的关系。美国管理学家赫伯·西蒙说过：“决策是管理的心脏。管理是由一系列决策组成的，管理就是决策。”管理的最大失误就是决策的失误。作为管理者，为了解决重大的现实问题，就需要采用科学的决策方法和技术，在若干个有价值的谋划中做出完美的决策。

决策非圣者不能

谋者见一方至尽，断者会八方取中。故贤者皆可与谋，而断非圣人不能也。

——（明）吕坤《呻吟语》

决策，是指人们就面临的问题，为实现一定的目标所做的行为设计和抉择过程。谋划不是难事，做出决断才是难事。谋划的人能穷尽事物的道理，适应时势的需要，提出的意见，不怕它不精确。然而集中众人意见的精华，提出模棱两可的方案，如何决断这就难了。所以说谋划的人用尺寸来较量，而决断的人就要用毫厘来较量；谋划的人对某一方面研究得非常透彻，而决断的人则要会合八方的意见而取其最正确可行的。总是有一个人作为核心来做决策、主持大局，再民主的过程，最后也需要集中；再民主的团队，最终也要有一个人出来拍板。

作为一名管理者，必然要承担起决策的责任。管理工作的成败，一定程度上取决于管理者能否恰到好处地决策和取舍。作为决策的主体，管理者的个性心理特征也必然要反映到自己的决策中。

管理者的决策心理结构是十分复杂的，它包括多种要素。

注意是管理者决策必不可少的心理活动。注意是心理活动对一定对象的指向和集中。所谓注意的指向，就是指在一定时间里，把心理活动有选择地指向一定对象，而且在此时离开其他对象。所谓注意的集中，就是指把心理活动贯注于某一事物。两者共同构成注意最主要的特征。也就是说，注意不仅是有选择地指向一定的事物，而且要以主要精力来对待这一事物，使活动不断深入下去。注意维持着管理者某种心理活动的指向并促使这种心理活动的不断深入。因此，离开了注意这种聚精会神的心理活动，管理者的决策心理就无从谈起。

管理者在决策过程中，还要有足够的决策意志。意志能使决策者自觉地确定决策目标，根据决策目标来制定决策方案和支配、调节自己的行为，去克服种种困难，实施决策方案，以实现预定目标。它一般包括四个阶段：

动机既是管理决策中意志过程的起始，也是管理者的一种心理动力。不同性质的动机，可以对决策产生不同的影响。

随着动机的确定必然导致管理者决心的形成。决心是对目的有了充分的认识，对达到目的可能遇到的困难有了充分的估计，并对战胜这些困难有了一定把握后做出的。管理者在决策中，必然遇到种种障碍。因此，必须具有战胜困难的勇气和决心，排除动摇、犹豫、羞怯、懒惰等消极的心理因素，勇敢地与各种困难进行不懈的斗争。

信念是决心的发展，即对目的和困难的认识除了理性的因素外，又增加了感情因素。信念是管理者在决策活动中最有力的和最稳定的意志之一，坚定的信念以形成或改变个人和集体的观点、定式、价值取向、立场为目的。在决策中，管理者对自己的需要有了较深的情感体验，对自己认定的目标产生了信仰，对所遇到的困难有了战胜它的信心，并自觉地把与困难作斗争看成是生活的组成部分。信念是意志的升华，它是一个人在困难面前坚韧不拔、百折不挠的精神支柱。

意志体现于行动之中，不付诸行动的意志只是一种意念。管理者在决策中的意志是通过一系列行为表现出来的，管理者的每一具体的决策行为都是受意志支配的。只有通过一个又一个具体决策行为的联结和发展，意志过程才得以展开和完成。

除了以上这些心理要素，贯穿于决策过程始终的还有决策思维。

没有决策思维就没有对策，没有正确的思维就没有正确的决策。

从管理者的决策中所体现出来的个性心理特征分析，我们大致可以把管理者的决策心理划分为三种类型。

决策果断型的管理者。他们在决策中会当机立断，毫不犹豫地做出决定。在面临的情况错综复杂时，他们会抓住瞬间即逝的时机，果断和迅速地作出决定。

决策顽强型管理者。这种类型的管理者在决策的制定阶段和实施阶段的整个过程中，始终坚定地保持充沛的精力和坚忍的个性。顽强型领导决策者能够正确地判断情况，善于驾驭各种复杂情况。他们常常有这样的表现：面对挫折不会退缩动摇，为了实现既定的决策目标，会鼓足勇气，动用其全部力量。

决策稳健型管理者。他们一般具有深思熟虑的特征和稳健的风格，习惯于“三思而后行”。他们思考周密，能够对各种因素进行综合分析，慎重地权衡各种决策方案以及其实施后果的利弊得失。因此，他们较少失误。他们常常善于打破常规性思路，朝着他人不曾想的地方去想，制定出既稳定可行又富有突破创新的决策来。但某些稳健型管理者也有明显的缺陷，在紧迫关头必须迅速决策的情况下，他们可能会稳健有余而果断不足，优柔寡断或犹豫不决，瞻前顾后或无所适从。其结果是错失良机，延误决策，导致失败。

应该说三种类型的决策风格各有利弊，同时由于心理特征存在不兼容性，也难以要求管理者同时具备这三种素质。因此管理者必须在充分掌握相关信息并对有关情况进行深刻分析的基础上，用科学的方法来拟制并评估各种方案，从中选定最优方案，力争做出最正确的选择。

精心谋略，不盲不妄

> 事虽易断，而必思；事既经思，则必断。
>
> ——（清）徐栋《牧令书》

管理者在经营管理时，要做到精心谋略、果断决策。有思路才能有出路，有出路才能有活路。做大事的人宁可在寻找改变命运的观念上费尽力量，也不在没有观念的指导时去胡干乱干。思想不开窍就找不到解决问题的奥妙。决策并非一意孤行的“盲断”，也非逞一时之快的“妄断”，更非一手遮天的“专断”。决策要有客观的事实根据，在沟通、讨论后果断地一次性过关，保持正确率。

俗话说：“商场如战场。”企业之间你死我活的竞争需要管理企业的决策者将决定企业生存发展的战略放在最重要的地位来考虑、研究，要慎重地确定经营的方式和手段，掌握市场竞争的主动权，使自己立于不败之地。

《孙子兵法》说：“兵者，国之大事也。死生之地，存亡之道，不可不察也。”也就是说，战争之所以是国家的大事，是因为军队之间的生死搏斗直接关系到军民的生死、国家的存亡。因此，对待可能遭到的邻国侵略，务必未雨绸缪，早做准备。如果要远征他地，一定要在兵力、物力、财力上进行精密的筹划，做到“知彼知己，百战不殆”。战争有正义战争和非战义战争之分，“得道多助，失道寡助”，因此在用兵之前，一定要认真考虑研究，绝不可以草率用兵。中国古代谋略家非常注重决策。战国时期，齐威王同田忌赛马赌胜。由于田忌决策不当，屡赛屡败。后来，精通兵法的孙膑充当田忌的参谋，结果使田忌反败为胜，传为千古佳话。

决策方法是否科学，它不仅影响决策质量，而且也影响到决策能否顺利实施，所以决策方法对于决策行动至关重要。我们要对所干的事精心研究，制定适当的决策。

决策就是决定，战略决策是对事关全局的工作目标做出决定，然后围绕工作目标提出若干行动方案，最后选择一个最优方案。战略决策是先于事实的科学预见，它必须全面吸取历史的经验教训，正确把握现在的情况，才能科学地预见事物未来的发展。战略决策是商战的本质和灵魂，是商战胜利或失败的关键，商战中的战略决策可分为以下几个阶段。

第一阶段：根据市场竞争的主观与客观条件，提出需要解决的主要问题，确定奋斗的工作目标。

第二阶段：围绕工作目标，全面深入地收集有关商战的信息和情况。

第三阶段：认真研究和分析商战的信息和情况，拟定出各种准备加以选择的行动方案。

第四阶段：对各个准备选择的行动方案进行可行性论证，并详细比较各自的优点、缺点，论证其利弊得失，最后从中确定一个最优的行动方案。

第五阶段：在商战中贯彻执行最优的行动方案，但也不能一成不变，而要根据主客观情况的发展变化随时对方案相应地加以修改和订正。

决策要科学

智者顺时而谋，愚者逆理而动。

——《后汉书·朱浮传》

决策过程是一个复杂的逻辑过程，它是根据决策的规律性来制定的。只有理解了决策的全过程，弄清楚每个程序各自的具体分工及其相互之间的有机联系，才能保证决策的准确性和有效性。

发现问题是决策的起点，没有问题就不需要决策。正确决策就是认识到决策对象的矛盾，而采取正确的解决办法。因此，所有决策的步骤都是从发现问题开始的。作为管理者，要发现问题，不能消极等待，而要经常深入基层进行调查研究、分析情况、找出矛盾、发现问题进行决策。

提出了问题之后就要确定目标。决策要以实现目标为归宿，所以目标的确定是决策的首要问题。一个科学的决策目标，应该符合以下要求：第一，目标要明确而具体，含义必须是单一的，并且尽可能数量化；第二，目标要区分主次，有的目标是必须达到的，有的则是希望完成的，这样可使实现目标的严肃性与灵活性更好地结合起来；第三，要规定实现目标的约束条件，如人力、物力和财力的消耗限量以及实现目标的期限等。

所有决策都要有两个或两个以上的备选方案，无方案谈不上决策，只有一个方案无从抉择也称不上决策。接下来，管理者要做的就是拟订方案。科学决策的实质就是在若干个有价值的方案中进行选择，以期优化地实现目标。因此，所拟各种方案的质量如何，在很大程度上影响最后决策的效果。为了使决策科学、可靠，在拟订备选方案时，主要应掌握如下三个原则，即目的性、可行性和多样性。所谓目的性，是指备选方案要符合决策目标的要求，而且要对达到目标的各种条件进行客观的分析，对实现目标的耗费、速度和效益要有明晰的计算，对实施方案的方针、政策、手段、方法和措施要有具体的规定。所谓可行性，是指各个备选方案都应建立在切实可行的基础之上。必须从实际出发，量力而行，既要积极先进，又要稳妥可行。所谓多样性，即从多种途径和角度准备可供选择的方案，而且各个方案都要有其特点，相互之间要有原则性差别，不能雷同或大同小异，否则就失去了备选的意义。

方案选优是整个决策过程中的关键一步，在各种方案制定出来之后，要对方案进行论证和评估，陈述各自的利弊得失。管理者在此基础上对各个方案进行比较和权衡，最后做出选择。这一过程叫作管理者的决策行动。决策行动并不是瞬间决定，而是一个极其复杂的过程。因为，各种方案经过评价后，往往各有所长，也各有所短，要使某一方案的各项指标都十分理想，几乎是不可能的。所以在优选过程中常常需要对方案进行修改和补充，或者综合各有关方案的优点形成新的方案。即使如此，作为最后选定的方案，也不可能使所有指标都达到最佳效果。只能是对主要指标有利，而对其他指标尽量兼顾。于是就需要管理者在决断之前反复推敲，权衡利弊。

实施方案是决策程序中的最后阶段。方案选定后，要在这一阶段进行检验，得以实际执行，并在实施过程中得到修正和完善。为了检验方案的正确性和取得实施方案的经验，在普遍实施之前，可以进行小规模的试验，以便补充和完善所选定的方案，这是使决策得到最佳效果的重要环节。进行小规模的试验，要注意选取具有典型性的试验点，而且要严格按照决策的方案实施，不能为试验点提供特殊条件，否则就失去了试验的意义。如果试点实行成功了，就可以普遍实施所选方案。如果还有问题，必须及时反馈。

以上是科学决策的基本程序，其中每一个基本步骤都是完整的决策过程所必不可少的。但程序中的各项具体工作并非全由管理者亲自去做，可以授权给员工去完成。管理者的责任是严格掌握程序和充分发挥员工的积极性。

科学决策不仅必须按照一定的程序进行，而且应该遵循一些基本的原则。

首先，要从实际出发、实事求是的原则。这是一切工作的总的指导原则，科学决策同样应当严格地遵循这一原则。

其次，信息是决策的基础。只有掌握大量准确、完整、及时的信息，管理者才能做出科学的决策；反之，只靠“一知半解”或“道听途说”是绝对作不出科学决策的。

决策是系统工程。决策者面临的决策对象都是多因素、多层次、结构复杂、动态多变的系统。因此，管理者在决策时，必须考虑决策所涉及的整个大系统、子系统及其相关系统以及决策对象、外界环境的相互关系。坚持系统性，才可能实现决策的整体化和最优化。

在决策实施过程中要随时进行检查、验证和反馈，一旦发现决策与客观情况不相适应的地方，就必须及时进行必要的调整或修正，以保证决策更加合理和科学，避免失误和损失。这就是决策的反馈原则。

最后，现代化的科学的决策必须遵循集体决策原则。这是决策成功的必要保证，也是决策现代化的标准之一。集体决策，不单纯是集体讨论，也不是少数服从多数的简单表决，而是由管理者和专家学者组成智囊团，经过科学方法的调查、研究、对比、分析后提出可行方案，从而保证决策的正确性。

决策不仅决定着管理活动的目标，而且决定着实现目标相应的计划、组织和方法。如果决策错误，那么计划越周详、组织越严密、方法和措施越有力，其所造成的危害就越大。所以说，决策的失误是管理工作中最大的失误，决策造成的损失将会是巨大的，特别是有关全局性的战略决策，甚至会影响到国家和民族的兴衰。因此，作为管理者必须十分重视决策的科学化，并在实践中努力提高自己的科学决策水平。

决策要果断

> 难得而易失者时也，时至而不旋踵者机也。
>
> ——（西晋）司马彪《九州春秋》

管理者如果优柔寡断，不仅会贻误时机，而且会给人留下办事拖拉、能力低下的感觉。出现问题时，不怕采取的方法不对，怕的是因前怕狼后怕虎，而久久不采取解决方法、不出台措施、不亡羊补牢。处理紧急问题，最忌讳唯唯诺诺、优柔寡断、犹豫不决。处置突发事件，管理者要大胆决断，独立决断，敢冒风险，敢于负责。管理者要当机决断，根据对突发事件的准确分析判断，掌握好作决策的时机和节奏，适时地做出决策，不能囿于常规，按部就班，而推迟决断，错失处理突发事件的最佳时机。

有一位企业家，随着事业发展，手下员工日渐增多。企业里人多嘴杂，主意也便多了，遇事必争个高下。时间一长导致这位企业家不知听谁的好，根本无法果断决策，企业运行也陷入瘫痪。他怀疑自己无能，不敢见人，整日闭门看报学经。这日，见报上介绍了一个新产品，名曰“决策机”，他便立即买来一台，并严格按照使用说明进行操作。从此，凡有需决策之事，他便进小黑屋叮叮当当按几下机器，机器即刻答复“行”或“不行”。手下人不明就里，直夸老板变得果断英明。一日，企业庆功，他酒后吐真言，英明者乃“决策机”也。手下大喜，既如此，我们何不把这个英明的钢铁家伙拆开来研究透了，仿制了来卖？说干就干，切割机开始工作，切开一层又一层，厚厚的彩色钢板终于被切开，核心部件露出真面目，结果是硬币一枚，这枚硬币一面写着 YES（行），另一面写着 NO（不行）……

其实，管理者在需要做决策的时候，很多时候，必是“行”与“不行”两种可能。

面对眼前发生的变化，作为公司的决策者，你要拿出自己的勇气，迅速地做出正确决策，不可左右摇摆。

历史上有名的“鸿门宴”的故事，就给我们留下了一个永远的警戒。刘邦的花言巧语把项羽弄晕了，使得他最终不肯下定除掉刘邦的决心，刘邦本来是羊进虎口，但由于项羽的左右摇摆不定，结果刘邦全身而退。刘邦脱险后，积极发展人力，大力笼络人心，招兵买马，很快就与项羽展开了楚汉之争，结果项羽兵败垓下，自刎乌江，为此留下千古遗恨。

可见，作为决策者，在做出决策时一定要有魄力。果断决策堪称上策。

当然，在正常情况下，决策一般应按正常程序进行，搞好预测、论证和试点，使成功的把握更大、成果更辉煌。但是由于社会政治、经济活动的复杂性和多变性，常常会发生一些突如其来的事情，要求马上作出决策。这时，管理者稍一迟缓，优柔寡断，就容易贻误时机，造成损失。在这种情况下，就不能按部就班、四平八稳地进行论证和试验了，这就要求管理者在有限的时间内，发挥自己的应变能力，根据收集到的有限信息和管理者自己的判断，立即做出反应，果断地做出决策，并迅速付诸实践。

不仅如此，作为管理者，在果断决策的时候还要拥有坚定的决心，命令一旦下达，就不要轻易更改。

一个政策朝令夕改，它就缺乏权威性，下属和群众就会感到无所适从，使原本该办的事半途而废。

一个新政策出台，一项新决定的执行，必须要涉及一部分人的利益，引起少数人的不满，甚至反对。对此，管理者要头脑清醒，决心坚定，措施得力，保证决定的贯彻。

首先，要求管理者具有良好的心理素质，遇事沉着，有主见。

其次，要认真客观地分析各方面意见，看其是否合理，做好有说服力的解释宣传工作。

最后，对合理的建议要认真听取，择善而从之，防止固执己见，造成失误。对不合理的意见态度要鲜明，将已做出的决策坚定地执行下去。

所以说，决断的时机对于一个决策者来说是非常重要的。条件不成熟的时候就做出决策，这是十分不明智的行为，而条件成熟了，却又犹豫不决，这也是愚蠢的行为，此时你的优势将会变为劣势。

及时决策，既意味着效益，也意味着市场机遇。现代决策要求管理者抓住时机，不允许有丝毫怠慢。这是因为，现代化大生产客观上使得市场竞争日趋激烈，社会节奏明显加快，市场环境变化无常，拖延决策，贻误战机，会使单位本身的问题变得更加严峻，而且还会有新的矛盾产生，使单位原先具有的优势变为劣势，从而使决策失效。决策的及时性，主要强调的就是要抓住决策的时机。所谓时机，是指时间、转机、机会等。从时间机遇来看，各种因素、态势、机遇都处于稍纵即逝的变动之中。在决策过程之中，把握时机、随机决断就是时机一旦成熟，应当机立断，果断地决策，切不可优柔寡断、当断不断。

决策要大胆

当断不断，反受其乱。

——（三国）诸葛亮《便宜十六策》

管理者做出决策时一定要果断。果断是眼力和魄力的凝聚，展现的是一个人见事早、行动快的胆与识，是气势和风采的体现，是成功的秘栈和暗道。人生，机会常有，就看能否抓得住。能否抢抓机遇，又在于做事是否果断。有的人之所以坐失良机，就是因为缺乏果断的品格，遇事总是瞻前顾后、患得患失。

做决策肯定会有风险，有成功与失败两种可能，决策者要冒失败的风险。然而这只是问题的一个方面。另一个方面，就是一旦成功，决策者及其组织会获得很大的利益。风险与利益的大小是成正比的，如果风险小，许多人都会去抓住这种机会，因此利益也不会太大；如果风险大，许多人就会望而却步，所以能得到的利益也就大些。因此，决策虽有风险，但更有利益，为了组织的利益，理应敢冒风险，果断决策。

有些时候，无情的客观现实会逼迫决策者冒险。当组织处于困难境地时，往往会出现这种情形：就是实施风险决策，就能生存乃至发展；不敢冒风险，就会越发困难甚至灭亡。现实生活中有不少企业，因为产品陈旧落后，找不到销路，财源枯竭，职工领不到工资。如果豁出去，采用集资、借贷等形式开发一种或数种先进而又适销对路的产品，企业就能死而复生。如果因为怕这怕那，不肯做出风险决策，那么企业必定要倒闭，这是被无数的事实反复证明了的。

长沙名匠装饰设计工程有限公司董事长何建林就以“大胆决策”闻名业界。何建林2002年建立名匠装饰的时候，家装行业已经不再是“暴利”行业，新装修公司如春笋般冒出，存活概率却很低。消费者找“正规军”的观念并未完全转变，新品牌生存空间比较狭小，当时做得好的几家老牌企业，其年产值也不到500万元。于是2005年4月，名匠推出了定位于普通消费者的“大众精品装修”。在那个报价很是混乱的年代，大众精品如一缕清风，“薄利多销”收效显著，当月签单突破120个，超过一些公司一年的订单量。到2008年，公司保持着每年翻一番的业绩。

随着消费者的家装观念逐渐成熟，消费者越来越需要报价清晰、省心省力的装修模式。于是在2010年，何建林将每平方米488元的“全包套餐”推向了市场。做出决策之前，何建林曾担心员工的反对。因为在家装行业，设计师拿回扣是个普遍的现象，阳光化操作势必造成个别设计师收入直线下降，何建林甚至做好了八成员工流失的最坏打算。值得庆幸的是，他的决策再一次得到了市场检验，当月签单再破历史纪录，而最令他担忧的也未出现，“业务量上来了，员工自然不会走”。

2012年，何建林又大胆决策，带领名匠装饰走上了“定制精装”的道路。公司投入3000多万元扩建工厂，通过将施工环节标准化，减少手工操作成分，解决装修质量不稳定的大问题，将名匠装饰带上了精品化之路。

许多看似不冒风险的决策，实际上是在冒更大的风险，这就是风险决策的辩证法。当今一些企业的决策者，不懂这个辩证法，往往满足于眼下的产品畅销，而不想冒点风险去开发更为先进的产品。须知盛极必衰，老产品终有滞销的一天。当前不冒小风险，却会给将来带来大风险。风险决策需要胆量和魄力才能做出，但在实施时，则需要仔细小心。只有这样，才能使成功的希望不断增多，直到最后如愿以偿。

在现代经济领域形势日益复杂、竞争日趋激烈的情况下，指望不冒半点风险就能摘取丰硕的成果是不可能的。决策者不能惧怕和回避风险决策，这是毫无疑义的。但话说回来，风险决策毕竟有失败的可能，不能胡乱拍板。冒风险一要是不得不冒的风险，二要是值得一冒的风险，三要是成功的可能性大于失败的可能性的风险。必败无疑的风险，无谓的风险，能够避开而又不至于酿成更大风险的风险，是绝对不能冒的。

统筹全局，做好预测

夫未战而庙算胜者，得算多也。

——《孙子兵法·计篇》

事实证明，好的决策者都是预测能力很强的人。预测是经营管理的重要内容，也是制订战略规划和推进战略实施的重要前提和手段。预测水平的高低直接关系到战略的成功与失败。

预测是根据过去和现在的已知情况，对事物或事件的未来行为和状态进行的估计与推测。就管理活动而言，预测是决策的基础，每当一项决策做出之前，先对组织内外形势的发展进行一番全面的推断和估测，然后在此基础上确定决策目标和方案。或者在产生了某种打算之后，根据组织自身的状况和外部条件，先对这种打算是否能够实现及其可能带来的影响进行周到细致的推测和估计，然后正式决定下来。这无疑有利于保证决策的正确和可行。如果没有这种预测活动，那么决策就会是盲目的，盲目的决策大多数是错误的。即便成功，也属侥幸。正所谓“登高远眺”，看得远才能走得远。所以，管理者要有既能高瞻远瞩，又能明察秋毫的能力。

“百智之首，知人为上；百谋之尊，知时为先；预知成败，功业可立。”这是成为一名管理者的首要条件，所谓知人，就是善于了解人，有知人之明；所谓知时，就是善于洞察世事，能够掌握做出决断的条件；所谓知成败，就是能够根据上述两个方面，对军事、政治等各个方面的发展变化做出预测，并同时为取得最好结果而积极准备。

《孙子兵法》里有这样一段著名的话：“知彼知己，百战不殆；不知彼而知己，一胜一负；不知彼，不知己，每战必败。”这可谓是古往今来战争经验的总结。“知彼”的情形十分复杂，包括对对方的将帅、士气、作战能力、所处形势等所有方面的综合了解。如果说“知彼”难的话，“知己”就更难。所谓“当局者迷”，人们往往很难对自己做出客观的了解和评价。如果既能客观地评价自我又能全面地了解对手，那么就会无往而不胜了。但在“知彼”的诸多方面中，了解彼方主帅的性格、谋略、为人心态、志向等因素恐怕是十分重要的也是首要的。只要能吃透对手，对他的意图了然于胸，那主动权也就牢牢在握了。

中国历史上有很多著名的政治家，他们往往有如神算。实际上，他们也是平凡普通的，只不过善于根据社会形势、人事去分析得失成败以及各种力量的对比发展。所以，高瞻远瞩就成了统治者必不可少的素质。

汉代桓谭所作《新论·见徵》中记载：有位客人到某人家里做客，看见人家的灶上烟囱是直的，锅灶旁边又有很多木柴。客人告诉主人说，烟囱应该改成弯曲的，木柴则必须移走才好，否则将来可能会引起火灾，主人听到了并没有做任何改变。

不久主人家里果然失火，四周的邻居赶紧跑来救火，最后火终于被扑灭了，于是主人烹羊宰牛，宴请四邻，以酬谢他们救火的功劳，但是却并没有请当初建议他将木柴移走、烟囱改曲的人。

有人对主人说："如果当初听了那位先生的话，今天也不用准备宴席，而且没有火灾的损失，现在论功行赏，原先给你建议的人没有被感恩，而救火的人却是座上客，真是很奇怪的事呀！"主人顿时省悟，赶紧去邀请当初给予建议的那个客人来吃酒。

这是一种主动性极强的预测，能够进行这种预测的人，一般来说都能取得成功。相对来讲，预测成败并具体操作要比单纯的知人和知时困难多了。因为它是一项"综合工程"，需要有统观全局的能力。洞若观火的政治预测，历来被视为较高的境界。因为政治预测要比军事预测复杂得多。政治预测是包括军事因素、经济因素、政治文化和人事因素等诸种社会因素的一种综合预测，其内容包罗万象，其关系错综纠葛，若有一处考虑不到，就会产生重大的失误。由此可见政治预测并不简单，能从纷繁复杂的信息中窥见端倪，需要大学问也需要大智慧。能够成功的人，已不是一般的管理者了，而是能成大事的政治家。

现实生活中，并不需要我们去预测什么政治、军事大局，但是作为管理者却需要好好预测一下，及时掌握各种有关的信息，以便调整自己的经营方针。总之，作为管理者，你需要具备统观全局、谋划整体的能力。

企业要想生存和发展，就必须具有市场竞争力，这就需要我们对未来的竞争形式做出准确的判断。因此，我们必须能够进行科学的预测，并在预测的基础上做出正确的判断和假设。之后，我们就可以采取更加有力的战略行动计划。否则，竞争就可能失败。

因此，作为管理者要高度重视预测工作，事先准备充分，在战略预测的基础上，制订符合客观实际及其发展变化的战略规划，努力推行，以取得战略管理的最终成功。

集思广益，兼听则明

> 明主者，兼听独断，多其门户。
>
> ——《管子·明法解》

现代企业管理活动充满了复杂性和不确定性，必然要求决策者多方听取意见领袖的建议。通用前CEO（首席执行官）杰克·韦尔奇认为：一个成功的管理者不一定是天才，因为天才也会有疏忽的时候。因此，一个天才CEO最重要的特质就是懂得群策群力、集思广益。很显然，杰克·韦尔奇把通用和自己的成功归结为出色的纳谏制度。

今天人们借助各种通信手段可以第一时间获得各种信息情报，在古代交通和信息闭塞的情况下，有作为的帝王将相无不是以善于多方听取意见、利用集体智慧取得成功的。

唐太宗曾经问宰相魏徵："作为一国之君，怎样才能明辨是非，而不受下属的蒙蔽呢?"魏徵回答说："任何人只听一面之词都会做出错误的判断。作为一国之君只有广泛听取意见，才能作出正确的选择。"

魏徵这里所说的"广泛听取意见"，实际上就是我们常说的"兼听则明"。关于这种决策思想，法家思想的重要代表管仲在《明法解》中指出："明主者，兼听独断，多其门户。"意思是，作为一个好的管理者应该听取多方面的意见，包括听取和了解相反的意见，在这种基础上才能做出正确而合理的决策。

韩非子特别强调，作为管理者，最重要的是信息要灵通。他说，如果臣子关闭君主的信息来源，追逐物质利益，擅自发布命令，表现自己的品德，扶植自己的势力，都会削弱君主的领导力。管理者考察下属，尤其需要听取多方面的意见，从多个角度入手才能获得真实的信息，作出正确的判断。

韩非子讲了这么一个故事：西门豹做邺县县令，清明、严格、廉洁，一丁点的私心也没有。但对待魏文侯身边的人却很简慢。于是魏文侯身边的人就拉帮结伙地说他的坏话。过了一年，上级考核官吏，西门豹被罢了官。西门豹就说服了魏文侯要求再做一年邺县县令。西门豹在邺县重重地搜刮老百姓，并把搜刮来的东西奉送给魏文侯身边的人。一年过去了，回到国都考核，魏文侯亲自迎接并向他敬礼。西门豹对魏文侯说："前年我为了国君的利益治理邺县而你罢免了我的官职，去年我为你身边人的利益去治理邺县而你向我敬礼，我不能再做这样的事情了"，于是交出官印要走。魏文侯不接受，说："我知道自己的过错。"

清正廉洁却被罢官，重敛行贿却名美位固，这则故事发人深省。韩非子为解决这个问题，提出的办法是"众端参观"，就是从多角度考察员工，有点像今天企业界常常说的360度考核。所以，管理者要注意建立各种信息渠道，广泛听取各方意见。

第一，必须尽可能认真观察员工的行为，只有准确了解员工的行为才能做好员工的管理。第二，必须听取员工的说法，管理者不能完全听信左右或亲信的说法，必须尽可能亲自观察管理者应该知道的一切，特别是不要在进行观察之前发表意见，以免下属投其所好，使得管理者不能全面了解人力资源管理的现状。第三，有时可将观察到的员工行为与说法进行验证，进一步保证管理者能正确全面把握企业人力资源状况，准确把握员工的言行，这是企业管理者做好人力资源管理的前提，同时企业管理者还须正确分析企业人力资源管理的外部环境，分析企业自身优劣，根据观察到的企业人力资源现状，认真做好岗位分析、岗位描述，制定岗位规范，为更好进行人力资源管理打下基础。

其实管理者做到了“众端参观”，使有用的信息通畅无阻地传播，不仅仅能够对员工有正确的考核，而且对公司的业务及产品经营也会有启示。

20 世纪 70 年代末，对讲机在日本市场上非常流行。但是面对激烈的竞争，日立公司生产的对讲机盈利薄弱，于是决策层准备放弃这一业务。但是一位业务主管无意中听顾客抱怨携带不便，而且拙劣的设计让人感觉不到美感。他马上把这种情况向上面反映。

后来公司决定开展一次有针对性的市场调查，结果发现对讲机的市场潜力依然很大，人们也的确对现有的产品设计不满。于是日立公司决定在产品形态设计上投入研发力度，最后设计出了被公认为最佳的外形机壳。新产品问世后，尽管价格提高了 20%，但还是受到了热烈欢迎。

日立公司善于听取顾客的意见，并以此为突破口调整产品策略，最终赢得了丰厚的市场回报。这就是“兼听则明”的商业价值。优秀的管理者通常都建立了自己灵通的情报网络和顺畅的沟通渠道，避免自己听到虚假和片面的声音，看到错误和局部的信息。

盲目偏信，必致失败

凡人之患，偏伤之也。

——《荀子·不苟》

倾听他人的意见和建议，是管理者的一门日常功课。比如，唐太宗李世民是一位善于纳谏的君主，而他与魏徵的故事更被传为佳话。但是，善于纳谏只是走向成功的第一步，联系实际周密思考、科学预测和决策才是制胜的关键。也就是说，管理者不要盲目接受别人的想法，要学会独立思考。

宋神宗赵顼是一位天性好学的人，常常废寝忘食地读书。而且，他能虚心接受别人的意见，在老师讲经时，他都会带领听课的弟弟行大礼。赵顼继位以后，面对的是国家财政长期处于入不敷出的窘况，于是他励精图治，希望大有作为。

为了获得富国强兵之术，宋神宗虚心向参与过“庆历新政”的大臣富弼讨教。但是富弼因遭遇上次失败的打击，早已丧失了改革的勇气和雄心。更严重的是，他久居高位，已经变得十分世故，整天醉心于读经念佛。当宋神宗征询意见时，他甚至让宋神宗放弃富国强兵的改革念头，做一个“无为”的君主。

胸有大志的宋神宗没有听从富弼的观点，一心坚持变革图强的治国策略。他吸取前面的教训，仔细分析了朝廷各位大臣的施政理念，最后把目光放在威望颇高的王安石身上。宋神宗通过严格的考核，发现王安石与自己的想法不谋而合，于是向他提出了改革的想法。

公元 1069 年，王安石被任命为参知政事，负责大宋王朝的变法事宜，这就是著名的“熙宁变法”。这次变法持续了 18 年，使宋朝的国库收入大大增加，国家“积贫”“积弱”的局势有所缓解。

宋神宗的确是一位贤明的君主，不盲目接受别人的想法，不被他人错误的意见误导，而是基于自己的判断和分析，找到变革图强的道路，堪称优秀管理者的典范。

盲目学习别人的方法是一件有害的事情。管理者要有自己的主张，在具体的实施细则方面，没有放之四海而皆准的方案，一定要从自己的实际情况出发，找到符合自己的方法。对管理者来说，善于纳谏必不可少，但是要避免钻牛角尖，不能一味地听从他人的建议、不加思考地全盘吸收。

创立于 1984 年的戴尔电脑公司一直是全球个人计算机销售大户。更重要的是，它是在缺乏强大的研发投入情况下取得这些辉煌成绩的。

成功者总是能吸引最多的注意力，人们研究后发现戴尔成功的模式是“直销”。于是在竞争日趋激烈的管理者领域，许多后来者加入了电脑直销的行列。甚至连惠普这样的跨国巨头，都在戴尔的影响下调整了自己的营销方式。然而迄今为止，众多的效仿者几乎都没有成功。

由此可见，管理者在用人、营销、管理等问题上，一定要避免盲从的做法，避免被误导。不切实际地沉迷于“异端邪说”，把管理建立在想象的基础上，无异于海市蜃楼。正确的做法应该是根据组织实际状况，在周密调查的基础上，制定发展策略。管理者需要注意倾听他人的意见，但前提是独立思考。

我们不能否认戴尔的“直销模式”，但是对别人来说，它仅仅是成功的“纸上经验”而已，可以作为参照和借鉴；但是我们不能盲目地跟随其后，因为“攻乎异端”的做法，会把我们带进错位的经营管理沼泽中。

事实上，真实的成功经验不是文字和音符能够解释清楚的。目标管理、流程再造、有效沟通等经营理念必须通过出色的执行才能发挥作用，而联系实际是关键。戴尔本人曾经说过，直销只不过是一种达到目的的手段，它和分销一样，本身并不重要，重要的是哪种方式更适合自己的生存和发展。

你是否被从海外贩运过来的流行管理文化所左右？借鉴和参照无可厚非，我们需要注意的是，多听、多看之外，还要多想、多联系实际，这是先哲掷地有声的教诲。

管仲决策七法

谋无主则困，事无备则废。

——《管子·霸言》

管理者在谋划决策的时候必须要有主见，行动前做好计划。这就是管仲“谋无主则困，事无备则废”的内涵。

作为历史上有名的政治家，管仲十分注重管理决策的研究。要想在决策中有主见、不迷惑，就要遵循一定的决策法则。管仲提出了决策中必须掌握的则、象、法、化、决塞、心术、计数七项具体方法。

什么叫“则”呢？管仲说：“本天地之气，寒暑之和，水上之性，人民鸟兽草木之生，物虽甚多，皆有均焉，而未尝变也，谓之则。”他的意思是：基于宇宙万物的本原，寒暑的变化，水土的性能而产生人类、鸟兽、草木。物类虽然很多，但它们的产生都有一定的法则，这就叫作则。简言之，就是要懂得事物发展的规律，按规律办事。

什么叫“象”呢？管仲说：“义也，名也，时也，似也，类也，比也，谓之象。”意思是：仪式，名号，季节，类似，种类，比喻，状态，这就叫作象。换言之，就是要了解事物变化过程中的各种具体状况。

什么叫“法”呢？管仲说：“尺寸也，绳墨也，规矩也，衡石也，斗斛也，角量也，谓之法。”或者说，法就是指尺寸、绳墨、规矩、秤石、斗斛、平量之器。意思是说要懂得行为的规范。

什么叫“化”呢？管仲说：“渐也，顺也，靡也，久也，服也，习也，谓之化。”也就是说，渐进、顺应、观摩、熏陶、服从、习惯，这就叫作化。也就是要懂得教化的作用。

什么叫“决塞”呢？管仲说：“予夺也，险易也，利害也，难易也，开闭也，杀生也，谓之决塞。”换言之，或予或夺，或险或夷，或利或害，或难或易，或开或闭，或杀或生，这就叫作决塞。所以决塞就是要懂得控制的方法。

什么叫“心术”呢？管仲说：“实也，诚也，厚也，施也，度也，恕也，谓之心术。”也就是说，信实、忠诚、宽厚、施舍、气度、宽恕，这就叫作心术。心术就是要懂得处事的手段。

什么叫“计数”呢？管仲说：“刚柔也，轻重也，大小也，实虚也，远近也，多少也，谓之计数。”换句话说，是刚是柔，是轻是重，是大是小，是实是虚，是远是近，是多是少，这叫作计数。计数，就是要懂得举大事的谋略。

决策方法是否科学，它不仅影响决策质量，而且也影响到决策能否顺利实施，所以决策方法对于决策行动至关重要。

关于“则”的作用，管仲说：“错仪画制，不知则不可。”也就是说，制定规划体制，不能不知道事物的法则。不懂得事物的法则，而要发号施令，这如同用不稳定的陶轮来测定东西方向，摇动竹竿而想使竹梢不动一样。即所谓“不明于则，而欲出号令，犹立朝夕于运均之上，檐竿而欲定其末。”

关于“象”的作用，管仲说：“论材审用，不知象不可。”换句话说，就是量才用人，不能不知道具体情况。不了解具体情况，而要量才用人，这如同长材短用，短材长用一样。即所谓“不明于象，而欲论材审用，犹绝长以为短，续短以为长。”

关于“法”的作用，管仲说：“和民一众，不知法不可。”这就是说，治理百姓和统一民众的行动，不能不知道行为的规范。不懂得行为的规范，而要统治百姓和统一民众的行动，这如同用左手作书而闲着右手一样。即所谓“不明于法，而欲治民一众，犹左书而右息之。”

关于“化”的作用，管仲说：“变俗易教，不知化不可。”这就是说，移风易俗，不能不知道教化的作用。不懂得教化的作用，而要移风易俗，这如同早晨才制造车轮，而晚上就想乘车一样。即所谓：“不明于化，而欲变俗易教，犹朝揉轮而夕欲乘车。”

关于“决塞”的作用，管仲说：“驱众移民，不知决塞不可。”其意是驱使和调动民众，不能不知道开放和封闭的方法（即松和紧的方法）。不懂得开放和封闭的方法，而要驱使和调动民众，这如同“使水逆流”。

关于“心术”的作用，管仲说：“布令必行，不知心术不可。”这就是说，要使法令保证贯彻，不能不掌握统治百姓的手段。懂得统治百姓的手段，而要百姓贯彻法令，这如同背着箭把射箭，而定要射中目标一样。即所谓“不明心术，而欲行令于人，犹倍招而必拘之。”

关于“计数”的作用，管仲说：“举事必成，不知计数不可。”换句话说，要想事业保证成功，不能不知道谋略的重要性。不懂得谋略的重要性，而要成就大业，这如同没有船只，而要渡过水险一样困难，即所谓“不明计数，而欲举大事，犹无舟楫而欲经水险也。”

管仲认为决策“七法”中的任何一项，都含有它自身的特殊的功能，都涉及决策的行动，内容十分广泛，许多仍可为今天管理者经营决策提供借鉴。

9

第九章 革故鼎新

《吕氏春秋·尽数》有云："流水不腐，户枢不蠹。"

创新对管理有着非常重大的意义。对于管理者来说必须永葆创新的青春，一旦停止了创新，停止了进取，哪怕是在原地踏步，其实也是在后退，因为其他人在前进、在创新、在发展。所以说，管理者要想管理好一个组织，带领下属一步步走向更高的目标，就必须让创新思维注入自己的大脑和管理工作中，时时刻刻去创新，做到人无我有，人有我新。

主动变革，适应发展

苟日新，日日新，又日新。

——《礼记·大学》

很多人认为，中国人传统上是保守的。这种看法非常片面。事实上，创新的精神一直融汇在中国人的血液之中。早在两千年前，商朝的创始人成汤，就在自己的洗澡盆里刻下了“苟日新，日日新，又日新”的文字。这段被称为“盘铭”的格言，意思是“如果能够一天新，就应保持天天新，新了还要更新”。这位中国历史上最早的管理者之一，就以此激励自己每天创新。

一个管理者若不懂得创新，就等于把自己推向了绝路。道理很简单，你不变，别人变，等于你越来越落后。你落后了，还能有出路吗？企业绝不是靠“墨守成规”“一成不变”来谋求发展的，只有通过管理者的不断变革、不断创新，才能使企业有生命力、有市场，才能取得成绩。同时管理者自己也才能获得应有的回报。

我们盛赞伟大的科学家、企业家、政治家、艺术家，他们是成功者中的佼佼者，因为他们为人类历史、对人类的精神与物质财富做出了或多或少的创造性贡献。著名经济学家熊彼特认为，企业家带领企业发展成功的原动力就是创新。他同时列举了企业管理者应当具备的能力：发现投资机会；获得所需的资源；展示新事业美丽的远景，说服有资本的人参与投资；组织企业；担当风险的胆识。所有有志于发展的管理者，无不经历这个过程，无不具备这些能力。从这些能力可以看出，创新能力可体现为洞察力、预见力、想象力、判断力、决断力，甚至行动力等。

由此我们可以看到，每一个成功的管理者都需要具有开拓创新能力。如果没有旺盛的进取心，就会被时代所抛弃；没有开拓创新的能力，就只能因循守旧、墨守成规，工作就自然没有起色。

管理活动具有综合性、复杂性、多变性的特点，所以，管理工作是一种创造性的活动。这种创造性的活动就需要管理者具有不断进取的创新开拓能力。尤其是在现代科学技术日新月异、信息瞬息万变的时代，工作的多变性和动态性更加显著，形势复杂多变，机会转眼即逝。管理者如果不善于提出新问题、开拓新领域，就无法跟上形势的变化，就只能使自己处于被动的工作状态下。不断进取的创新开拓能力，是现代管理者必须具备的能力之一。当今世界中，管理者该如何正确认识和处理社会发展过程或实际工作中出现的新情况、新挑战呢？具体来说，管理者需要立足于新的实践，把握住时代特点，研究现实中的重大问题，用创新的思维做出新的回答。唯有创新、创新、再创新，才能解决层出不穷的新矛盾、新问题，才能不断把事业推向前进。

管理者的创新离不开充满生机与活力的创新思维，这是时代的要求和历史的必然。很多时候，并不是管理者的天才能力成就了某项事业，相反，而是那些事情本身极具挑战性，迫使管理者不得不变换多个角度去思考同一问题，以寻找妥善的解决之道；同时，在选择衡量最佳方法的过程中，他们发现了应对各种挑战的有效方式。可以这样说，创新的思维方式成就了那些卓越不凡的管理者。阿里巴巴的创始人马云就是一个典型。

英语教师出身的马云可以说是中国互联网产业中的一个另类。1999年，当众多国内企业把美国舶来的B2B（企业对企业之间的营销关系）、B2C（企业对个人的电子商务模式）、C2C（个人对个人的电子商务模式）

等各种电子商务模式视为圣经的时候，马云就意识到亚洲的电子商务市场与欧美的电子商务市场有着本质的区别，特别是B2B模式，前者主要针对中小型企业，而后者则是针对大企业的，显然，两种市场不可能用一样的模式。基于这种判断，阿里巴巴自创建之始就没有简单复制美国的B2B模式，而是结合中国市场的实际情况走了一条创新之路：为中国的制造商和国外的采购商搭建一个信息平台，为中小企业服务，帮中小企业赚钱。

“淘宝网”是阿里巴巴集团旗下知名度最高的服务，这个与国际知名电子商务网站“亚马逊”同样做B2C业务的品牌，实际上迥异于亚马逊模式：亚马逊是从企业利润中瓜分出一块，淘宝则是帮助企业赚钱后再赚钱。当亚马逊投入巨资建立仓储、配送中心的时候，淘宝网则不需要有这部分支出。

“支付宝”则是阿里巴巴的独创，也是淘宝网得以加速发展的有力助推。支付宝最初作为淘宝网公司为了解决网络交易中信用问题所推出的网络交易工具，通过“第三方担保交易模式”，由买家将货款打到支付宝账户，由支付宝向卖家通知发货，买家收到商品确认后指令支付宝将货款放于卖家，至此完成一笔网络交易。目前支付宝的日均交易额已经超过百亿元，相当于全国日均零售总额的1/6。2014年“双十一”当天更是创下了571亿元的天量交易额。

马云认为：“创新不是为了与对手竞争，而是跟明天竞争。”在这种使命感的驱使下，阿里巴巴紧随苹果公司之后，成为2015年全球位列第三的最具创新力企业。

洛克菲勒有句名言：“如果你想成功，你应辟出新路，而不要沿着过去成功的老路走。即使你们把我身上的衣服剥得精光，一个子儿也不剩，然后把我扔在撒哈拉沙漠的中心地带，但只要有两个条件——给我一点时间并且让一支商队从我身边经过，那要不了多久，我就会成为一个新的亿万富翁。”洛克菲勒的这句话充满了豪情壮志，让人不禁动容，这无疑是成功的一个根本素质，即绝地求发展，以创新做手段，天下间就无人能阻挡其锋芒。具有这种创新精神和素质的人必然无所畏惧。

审时度势，打破常规

> 通其变，天下无弊法；执其方，天下无善教。
>
> ——（隋）王通《中说·周公篇》

古代先贤认为，治理国家必须善于通达权变，而不能墨守成规。做决策最可怕的是认为万事不变，成功的管理者绝对不会有这种墨守成规的想法，他们知道敏锐的洞察力和快速的反应能力是事业成功的关键。尤其在当今飞速发展的时代，快速的反应能力和创新能力尤为重要。

变化是事物的本质特征，只有伺机而动，以不变应万变，才能不被时代淘汰出局。韩非子说过："不期望完全按古代的办法，不效法陈规，而是研究当代的事情，从而制定相应的措施。"作为管理者，一定要审时度势制定谋略，才能获得成功。

海尔是从一个"废墟"上发展起来的民族企业。这个属于中国人的自主品牌，仅用了短短 20 年的时间，就从一家资不抵债、濒临倒闭的集体小厂发展成为全球家电第一品牌，从强手如林的竞争环境中脱颖而出，主要靠的就是创新精神。海尔首席执行官张瑞敏说："海尔价值观的核心就是创新，世界名牌就是我们的目标。"

海尔的发展可以分为三个阶段。从 1984—1991 年，海尔当时的主打产品是冰箱。在这个阶段里，有一个广为人知的故事，就是 1985 年的“砸冰箱”事件。在张瑞敏的带领下，海尔一共砸了 76 台质量不合格的冰箱。在许多海尔人看来，那锤子不仅砸在冰箱上，更砸在了海尔人心里。

第二个阶段是从 1992—1998 年，这是海尔多元化战略阶段，主要走的是兼并重组的道路。在这个阶段中，海尔走的不是“东方不亮西方亮”的路子，而是要求“东方亮了再亮西方”，将一个行业做深、做透，再去做另一个行业，要体现一个企业规模的竞争力，给用户提供一系列完整的家电解决方案。

而这之后至今的第三个阶段，海尔全面进入国际化战略阶段。海尔希望将自己的竞争力、整合资源的能力扩展到全球各地，从企业的国际化转变成为一个国际化的企业。

发展一批跨国大企业、大集团，打造一批世界级的品牌，是这个时代的需要，是振兴民族经济的需要，也是增强核心竞争力、国际竞争力的迫切要求。海尔的实践证明，创造世界品牌并非遥不可及。正如海尔曾经和现在仍然面临许多强劲对手一样，只要我们不怕困难、坚持开拓、不断创新，就一定会实现创造世界名牌的目标。

《孙子兵法》里说：“途有所不由，军有所不击，城有所不攻，地有所不争，君命有所不受。”这里强调将帅要根据具体情况变通应敌，临机处置。而孙子用“九变”来形容这种变化，可见变化之多。打仗如此，商战也一样。从一定意义上来说，商场情况之复杂，变化速度之快，机遇之短暂，并不亚于兵刃上交锋的战场。一个职位较低的管理者如果不能在临危时全面兼顾、灵活应变，而是机械地执行上级指令而不考虑当前的局势，抱着固定的模式不放手，那只能导致良机错失，最后的结果只能是被无情的市场所淘汰。

现今的市场经济波涛汹涌、千变万化，我们只有以变化的眼光来看待变化的市场，才能在商战中得时顺势、一往无前。《草庐经略》上说："虚实在我，贵我能误敌。"兵法上有实则虚之谋略，然则，这都没有一定的规定，关键要看个人的悟性。兵者，"诡道"也，所谓"诡"和"谲"之类的词语，在兵家那里是没有褒义和贬义之分的，而这类词的意思无非就是一个，那就是变化。在军事上，与其说是斗勇，不如说是斗智，而智就是变化。所以你要善变，不可拘泥于一格，否则就无法有所创新。

但是，谁都会"变化"，在你变化的同时对方也在变化着，因此要想取胜，就必须要掌握别人的变化，这就要采取反"常"的策略。也许从此入手更容易理解"反者，道之动也"这句话。只有敢于打破常规，敢于突破创新，你才能始终立于不败之地，才能成就一番事业。

所以说，企业要长久发展，就要适应不断变化的市场需求，以市场为导向，及时调整经营战略。不要拘泥于固有的条条框框，保持一定的灵活性，企业才能充满活力。

破除因循，达事之变

以书为御者，不尽于马之情。以古制今者，不达事之变。

——《战国策·赵策二》

拘泥于古法不可能超越世俗的水平，效仿古学不足以治理今世。富于创新精神是管理者应具备的基本素质，创新实质上是一个由创新者的素质转化为创新者的思路、再由创新者的思路转化为创新者的行为的复杂过程，是一种由创新者的素质和思路组成的运行机制。

任何高水平的决策都是创造性的活动，总是以变革现状为前提。没有创造性的决策就没有高成就的事业，而缺乏创新意识就不可能有创造性的决策。因此，一个优秀的管理者，必须善于根据新问题、新情况，制定出新的政策策略。而要做到这一点首先应该提高思维水平，努力使自己的思维触角伸向前人未曾想到的领域，打破固有观念在头脑中形成的封锁。法国著名作家莫泊桑说："应时时刻刻躲避那走熟了的路，去寻找另一条新的路"，这是"创造新生命的唯一法门"。只满足于已有答案的人，永远不可能创造出思维王国的奇观。

历史是在创造中前进的，没有创造，就没有前进。凡是有作为的管理者，在其任职期间都想有所建树，都想使自己所领导的事业有所创造，有所发展，有所前进。管理者的创意必然要激发群众的创造性。管理者带给群众的新观念、新思想、新意识，会使社会或团体产生进步和发展的动力，鼓励他的员工朝着这个目标努力工作。这些人不是简单的创新者，而是具有远见的创新者。

对于管理工作来说，不仅要制度上的创新、思想上的创新，还需要有其他方面的创新。在不断地与别人交流中学习，提高自己的创新能力，无疑会使效率有很大的提高。可见，作为管理者一定要有创新思想。

我国古代遗篇《投笔肤谈》中说："夫兵不贵分，分则力寡。兵不贵远，远则势疏。是不唯寡弱在我，而强众在敌也，虽我众，亦防敌之乘我也。苟能审时而行，因机而变，则敌亦焉能乘我哉！"这段话的意思是说，根据实际情况的变化来采取相应的方案和行动方式。因机而变就是灵活机变的意思。

总而言之，随机应变地把握时机对于个人和企业的发展都是十分重要的。司马迁说："是以无财作力，少有斗智，既饶争时，此其大经也。"意思是说，没有任何资产的人首先应该凭借自己的力气去赚取第一桶金；小有资产的人应该凭借自己的智慧去尽快拓宽渠道、增加财富；富足的人要懂得随机应变，继续扩大财富。这是人们改善生存条件必须遵守的规则。

虽然市场是经济发展的舞台，但即使市场鲜活，如果我们的市场意识不强，观念落后仍然会败下阵来。一个公司的兴衰固然与客观因素有关系，但如果观念意识跟不上发展，不能适时地改变和调整自己的经营模式、策略，那么很可能会导致公司的失败。正所谓没有疲软的市场，只有落后的观念和思想。所以，如果想要在这个市场中发展下去，就需要坚持创新，这样可以事半功倍，更容易、更快捷地达到成功的目的。

创新是人类社会进步与发展的前提，创新是人类特有的认识能力和实践能力，是人类主观能动性的高级表现，是推动社会发展的不竭动力。一个管理者要想具备非常规的领导力，就时刻保持创新；一个管理者要想拥有凝聚力，就必须不断根据实践的要求进行创新。

勇于探索，大胆创新

穷则变，变则通，通则久。

——《周易·系辞下》

管理者要认识到，我们今天所面对的是新情况、新问题层出不穷的世界，要使组织处于不败之地，管理者就必须突破传统思维方式的束缚，敢冒风险，勇于开创新局面。美国总统亚伯拉罕·林肯曾说："傲立的天才对于轻车熟路不屑一顾，他们憧憬追寻的是迄今从未开垦的土地。”变化不时会出现在你的生活中，而变化为万物带来无限可能，懂得变化的人会给自身的发展带来良机，而且透过这些变化，也会发现新的前景。

世界上唯一不变的就是变化，变化才是这个时代永恒的主题。变化无处不在，竞争随处可见。即使我们今天享有盛誉，无所不能，我们也无法保证明天能够继续获得成功，继续享受盛名。竞争者随时会在我们的身边出现，我们今天的位置随时都可能被取代。

我们需要做和所能做的就是积极应对变化，随时做好应对变化的心理准备，不断适应新的环境，不断地激励与发展自我，不断更新和改善我们的工作习惯和工作技能，使我们的脚步跟上变化的节奏，持续保持战斗力和生命力。

创新的高手不爱跟随在别人的屁股后边走，而是勇于探索、大胆创新，独辟蹊径走出自己的路，让自己的才能脱颖而出。一个企业要想使你的产品能牢牢地吸引住顾客，就要不断地开拓市场，就要有永不停息的创新精神。创新精神，对于企业来说是一种生存的活力，对于一个人来说，是走向成功的动力与方向。对于成大事的人来说，是一种必不可少的“手腕”。

要培养创新精神，就必须有用逆向思维打破常规的决心，绝不能墨守成规。只有变化，只有创新，才能出奇，敢打破常规者，他的事业将注定有大的发展。比亚迪总裁王传福说：“比亚迪一直坚持‘技术为本、创新为王’的经营理念，用新技术开拓全新市场，用创新改变传统格局。”

回顾比亚迪的发展，企业从无到有，从小到大，从弱到强，靠的就是自主创新，在 IT 产业高歌猛进的时候，比亚迪毅然进入汽车产业，并将“创新基因”成功移植，推出了比亚迪 F3，使“不可能”的神话变为现实。比亚迪的创新道路使 F3 从 2005 年 9 月上市开始就保持热销，2006 年全年销量突破 6 万辆，2007 年 1 月的销售量就突破了 1 万辆。

在当今的经济环境下，汽车企业为了强化生产效率和分散投资风险，大都尽可能地提高对外采购零部件的比例，但比亚迪却坚持垂直整合，自己制造工厂、生产线，甚至生产设备等，并将供应链上的一个个环节进行分解，纳入到比亚迪自己的制造体系当中，从而形成了垂直一体化的制造体系，以此获得了强大的成本控制能力。频频掀起的价格战不断刷新企业界的价格底线，令竞争对手无法跟随。如今该公司汽车全年销量超过 18 万辆，同比增长超过 80%，逐渐发展成企业的支柱产业。

人人都渴望成功。成功人士都是勇于变化、创造机会、利用机会的高手。当其他人在原地踏步时，他们却早已载着变化的竹筏，乘着机会的急流，顺势而下，建立起了自己的事业王国。

当前的我们无法确定未来的发展，但最重要的是我们要在未来发生变化之前及时变化自己，这样才能寻找到更多的发展机会和发展空间。

有变化的人能够适应外部社会的变化，并通过调整自己的行为来解决问题，争取事情发展变化的主动权，实现个人工作和生活质量的提升。就像我们打乒乓球一样。主要利用正、反手攻球技术的速度和力量的变化来压制对方，争取主动地创造扣杀机会。而不懂得变化的人，通常他的思维是僵化的，过分强调外部环境的控制，会对工作和生活的品质产生不利影响。

常听人说这样一句话："现在就这样吧，我要等一个机会!"一个"等"字浪费了多少的大好青春，而人生又有多少时间任你在等中度过呢？所以，我们要懂得变化，有变化才有机会。一味地空等，除了虚度之外，根本没有其他的收获。

当环境不利于自己发展时，不要再顽固地空等机会，而要变换思路，改变陈旧的观念，打破世俗的牢笼。在变化中寻找机会，只有勇于改变才能有机会。只有不断地变化，才能让成功持久。

发展的机会大都产生于不断变化的市场环境中，环境变化了，市场需求、市场结构必然发生变化。要将变革作为一种人生挑战、一次考验自己、提升自己的难得机遇，在变革中实现更大的发展，依靠的还是实实在在的行动。

著名管理大师彼得·德鲁克将创业者定义为那些能“寻找变化，并积极反应，把它当作机会充分利用起来的人”。的确，只有那些能够透过复杂的、不易引起人们警觉的表象，敏锐地看透事物的本质以及事物与事物之间的内在联系的人，才会有变化的思维，才能及时作出准确的判断和鉴别，才能谋求到新的契机。

我们走的路不可能总是笔直平坦，难免也会有凹凸不平和激流险滩。在这样的情形下，我们一味地勇往直前，就有可能碰得头破血流，甚至是丢了性命。办事也是如此，不可能总是“顺风顺水”。巨大的困难如同拦路虎一样，横在我们面前，我们每个人不可能都是打虎英雄，与其被老虎咬得遍体鳞伤，倒不如及时变化，攀越其他的道路。我们应该牢记的是：我们的最终目标不是和老虎争斗，而是寻找自己的发展机会。

相时因地，筹其所宜

才贵练达，识贵明通。遇有彼此殊尚，今昔异势者，尤须相时因地筹其所宜。

——（明）吕坤《呻吟语》

世界上的事物千差万别，如果生搬硬套以前的老经验，肯定是行不通的。这就需要机动灵活，要根据变化了的时机、条件、事物和人来考虑，结合自己的认识，参考前人的经验，做出恰当的判断。因地制宜，因时论事。事物总在发展变化中，人们的认识也应随之不断调整，切忌刻舟求剑、守株待兔式的办事方法。

管理离不开创新思维，而创新思维的形成需要管理者对传统进行挑战，需要打破牢笼，打破种种禁锢，充分发挥自己的主观能动性。著名经济学家厉以宁曾讲过这样一个故事：

有三座庙，这三座庙离河边都比较远。怎么解决吃水问题呢？

第一座庙，和尚挑水路线比较长，一天挑了一缸就累了，干不了了。于是庙里的三个和尚商量，咱们来个接力赛吧，每人挑一段路。第一个和尚从河边挑到半路停下来休息，第二个和尚继续挑到山门，又转给第三个和尚，挑到缸里灌进去，空桶回来再接着挑，大家都不累，水很快就挑满了。这是协作的办法，也叫“机制创新”。

第二个庙，老和尚把三个徒弟都叫来，说我们立下了新的庙规，要引进竞争机制。三个和尚都去挑水，谁挑得多，晚上吃饭加一道菜；谁挑得少，吃白饭，没菜。三个和尚拼命去挑，一会儿水就挑满了。

这个办法叫“管理创新”。

第三个庙，三个小和尚商量，天天挑水太累，咱们想想办法。山上有竹子，把竹子砍下来连在一起，竹子中心是空的，然后买了一个辘轳。第一个和尚把一桶水摇上去，第二个和尚专管倒水，第三个和尚暂时休息。三个人轮流换班，一会儿水就灌满了。这叫“技术创新”。

由三个和尚没水喝，到三个和尚通过不同的办法达到共同的目的，关键在于不局限于固有的思维，发扬了团结协作、良性竞争、技术创新的精神，自然产生好结果。这种思维模式同样适用于我们的企业。企业要想持续成功，就要不断创新。所有能够取得新成就的企业都是在不断创新中成长起来的，他们都拥有着自己独特的创新观念。

管理者的空间要靠自己来开拓。每一位管理者都应该清醒地意识到：世界每天都在翻新，新的东西层出不穷，如果不创新，不仅仅意味着落后，还意味着最终的灭亡。一个组织要生存、要发展就必须不断创新，不断更换自己的运作方式。这些创新来源于管理者，管理者的创新意识与创新能力决定着组织的生死存亡。管理者的创新素质需要他平时不断地积累与学习，因而要求管理者不能丢掉学习。创建学习型组织，不仅使管理者自身的知识系统得到巩固与完善，而且使组织更加智能化，这是一切创新的基础。

创新思维的形成方法归纳起来有以下八点。

第一，吸纳各种创意。有一位成功的保险推销员对拿破仑·希尔说：“我从来不让自己显得精明干练。但我是保险业中最好的一块海绵，我尽量吸收所有良好的创意。”

第二，尝试变化。这是一个瞬息万变的世界，你要想求得更大的发展，就必须尝试着去变化。这样可以扩展你的能力，为你以后的更好发展打下坚实的基础。

第三，积极进取。悲观的人永远都不会成为成功者，成功者总是充满信心地面对未来的发展。在激烈的竞争中发展壮大自己，就必须时刻保持创新心态，积极进取。

第四，以更高的标准要求自己。成功者在追求发展的过程中，都会不断地为自己设定更高的标准，不断寻找更有效的方法，或者降低成本以增加效益，或者用比较少的精力做更多的事情。“最大的成功”永远属于那些认为自己能把事情做得更好的人。

第五，善于学习。成功者为求得更大的发展，总是在孜孜不倦地学习。学习有很多种渠道。这里重点说说向别人学习以提升自己的创造力。你的耳朵就是接收频道，它能为你接收很多信息，这些信息可以转变成创造力。我们可以从“提问题”和“听”中学到不少的东西。

第六，创新要有自己的风格。创新一定要有自己的风格，否则谈不上有自己的创新魅力。创新不能成为模仿，而是在激烈市场竞争中，根据自己的风格对产品进行各种改进、变换和扩充，使产品更有应变能力和竞争能力。

第七，善于把握良机。成功者不会放弃任何一个发展良机，哪怕这个机会只是偶然的一个灵感，他们都会用发展的眼光对待它。

第八，激发灵感。成功者永远都不会满足于自己目前的成就，他们擅长用各种方法激发自己的灵感。

创新是思想的果实，但也要对其进行适当的管理，这样才能在发展中挖掘出它的最大价值。每一棵松树都会结很多的种子，但是可能只有其中的一两个才会最终成长为树。因为松树的种子大部分都被松鼠吃掉了。创意也是一样，松鼠就好比是消极保守的思想。创意都是很脆弱的，如果不好好保护，就会被消极的思想吞掉。从创意到萌芽，再到最后变成效果显著的实施计划，都必须经过特殊的处理，请试着用上面的方法来保护并运用自己的创意求得更好的发展。

现代管理者应在决策活动中不断提高自己的思维能力，使良好的思维方式形成习惯，还应该注意培养自己的思维素质，使之具有灵活性、独立性、深广性、系统性、敏捷性和辨证性，由此引发出创造性。为了保证决策的正确，决策者应该多一点民主精神，尽量扩大下属参与决策的范围，不断激发下属创造性思维的积极性，集思广益，从众人的经验中获取创造性思维的成功。

克服抵制变革的因素

> 有因有循，有革有化。因而循之，与道神之。革而化之，与时宜之。故因而能革，天道乃得。革而能因，天道乃驯。
>
> ——（西汉）杨雄《大玄》

变革过程中肯定会遇到阻碍，而作为变革的发起者，就一定要努力克服这些阻碍。

变革的原则是要求管理者和管理对象相互作出调整，以使管理效率达到最大化。作为管理者一定要记住，在你的组织进行创新前，一定要明确自己组织的特殊性，即自己组织不同于其他组织的特殊氛围，“有因有循，有革有化”。不能说变就变，否则，一旦变得失去了特性，变到员工搞不清楚的时候，大家就无法配合你的创新了。

组织管理者要敢于超越常规思维，形成独特思路。管理者要敢于批判那些先入为主的东西，人为引起观念与看法的改变。因为在同类观念中先入为主的思维产生了立异图新的强大阻力，如果要想有创新思维，就必须努力排除这种障碍。对于符合组织发展的事物要坚决支持，而对于不利于组织发展的事物要毫不留情地取缔。

对于一个管理者而言，努力使自己适应管理环境的要求，有利于管理中变革原则的遵循，也有利于管理工作的高效率进行。为什么这么说呢？原因有以下几个方面。

首先，变革是当今时代发展的主流。因为变革带来更新，它重塑组织，挽救企业，创建工厂，改变工作的性质，为进步的引擎加助燃料。为了不断发展，管理者应当不断地进行变革。在变革中，找到一些行之有效的管理原则。

变革管理就是展望组织大致的未来目标，并制定达到目标的措施。如果环境条件是稳定的和可预见的，那就很好办。但是，大多数变化是出乎意料的。因此，对于一位管理者来说，采取“爬上一座山，看两眼，便带几块石头返回”的策略，简直于事无补。现实世界中，企业的发展存在高度的易变性，很难长期保持稳定的优势。更为重要的是，所需要制定的纲要，应当是当机会出现时能够灵活地部署力量，并能在任何条件下指导竞争行为的那种。

其次，良好的管理变革是建立在全面详细的分析基础之上的。很多管理变革专家想预先将他们的美好设想形成方案，但“缺乏分析”的危险是存在的。激进变革活动80%的利益得自20%的分析。

最后，变革中千万不要忽视员工因素。如果没有给员工带来任何利益，他们会抵制变革。变革活动不考虑员工情绪，忽视职工的痛苦和既得利益，一意孤行，就注定要失败。事实上，许多领导变革的管理者已经学会了尊重员工，并使他们能够理解所发生的变革，即使是当他们不能从变革中受益时，他们也会理解。激进变革活动能否被大家所接受，取决于组织中面临这个事实的每一个人都能以坦荡的胸怀对待变革，无论得到的是好消息还是坏消息。

所以，变革必须要达成共识。实施积极的变革，必须赢得下属和员工的拥护。管理者必须通过广泛的评估程序、分组重点讨论、发送材料简报等方式赢得员工们的衷心拥护。这也是一个理想化的目标，是劳财费时的。广为接受的观点是，进行激进的变革需要达成共识，但这是极少能够实现的。在实践中，管理者需要走特别长的路，才能赢得组织中重要成员的20%的人的支持，在企业组织中，董事、工会领导人、专业领导人和带来了大量收入的"造雨者"，都是代表组织未来的人物。

管理者要有长远眼光

不期修古，不法常可；论世之事，因为之备。

——《韩非子·五蠹》

管理者不应拘泥于原有的做法和经验，应破除陈规陋习，对组织实践进行哲理层面的提升，解决组织的"为什么"的问题，把一般的规律性的东西与组织的实际相结合，转化成组织的具体操作性的政策和策略，从而使组织的理念和思路具有执行性。然而不是所有的管理者都懂得"向前看"。美国战略专家曾观察到，只有不到3%的资深经理人，会将精力花在建构未来上，这正是许多管理者失败的重要原因。

超前意识也是管理者应该具有的。超前意识是在正确认识客观事物及其运行法则的基础上，对事物的未来发展趋势和发展道路所作的合理预见。现在社会发展得越来越复杂，管理者的眼光要远，眼界要宽，看问题、办事情要有前瞻性、预见性，尤其要对自己的直接管理、组织实践活动的现状、发展走势以及外部环境有十分清醒的认识，这样工作的主动性才能增强，才能沉着应对可能出现的各种情况，达到趋利避害的目的。

人的一切都被自己的大脑所控制，人差别的本质在于思维。管理者高人一筹之处在于别人没想到的而自己却想到了；别人想到的，想得更深更远。管理者要培养自己活跃、健康的思维方式，这需要不断地锻炼和充实自己。要培养自己良好的思维习惯，多观察、多思考，增强敏锐性，由一元思维走向多元思维。所以，管理者应该有为自己设定目标、开发预见未来三五年甚至更长时间的能力。此外，管理者还必须为经营未来提早地采取行动。

那么，作为管理者怎样才能具有远见卓识，培养出自己预见未来的能力呢？首先，不要轻视自己的直觉。就成功的管理者而言，他们的直觉经常会主导着重要的决策。其次，要大胆计划。研究中发现，具有远见卓识能预见未来的管理者常采用大胆计划，作为推动企业进步的有效方法。

管理者还须准确把握未来的发展趋势。许多曾经显赫一时、声势浩大的公司之所以很快销声匿迹，无不与其管理者缺乏远见有关。因此，管理者必须学会能从周围所发生的各种事件中总结规律，并能从其纷扰的形势中发现行之有效的方法，以此推动自己的组织踏上朝气蓬勃、充满生机的未来之路。这对管理者来说是一种挑战。人们从大量的研究中还发现，能够为未来做好准备的管理者，是那些了解自己过去的人。在你幻想未来之前，建议你先回顾一下自己过去的辉煌纪录。把你的生命线画成曲线图，标出几个你生命中的巅峰和低谷。在每个巅峰旁边，写下足以代表你生命巅峰的几个字，记下你之所以认为它是你生命巅峰的重要原因并分析这些重点，看看这些生命巅峰透露出什么样的个人经历，使得你在未来不得不加以重视。这个练习很实用，它可以帮助我们弄清未来的远景，并为之做好准备。

未来的变化是不可避免的。这就要求管理者必须要有洞察未来的睿智和长远的眼光，着眼于长远利益，而不是只顾眼前。一些公司的管理者感到领导变革的风险太大，他们学会了通过对企业组织进行调整，使企业沿着他人开出的道路前进。这样，他们也能侥幸地避免可能会招致灭亡的挑战和不确定性。但是，这些公司的管理者只是追随者。虽然他们好好地跟着，企业也许就会生存下去，但是，他们永远无法掌握自己的命运。

具有长远眼光的管理者是决不甘于步人后尘的。他们所想的是创造自己的前途和预测未来可能的发展方向，而毫不犹豫地开始在新的征途上披荆斩棘。这样的管理者经常鼓励员工对传统思想进行挑战，尽可能地改变本企业组织，以取得持续不断的创新和进步。这些管理者考虑的不仅仅是生存，他们更多规划的是如何发展，并以未来为导向领导潮流。它们是规则的制定者，其他公司则是跟从者。

显然，多思考未来，并以长远利益为出发点，才能看清方向，把握商机。企业家能否引领企业胜利远航，关键在于其是否能够把握市场发展趋势，看清前进方向，超前对商场变化的走势、进程和结果做出正确的判断，从而趋利避害，抢占商机，掌握竞争的主动权。而要做到这一点，管理者们就要不断经营未来，练就战略眼光，善于高瞻远瞩，审时度势，从而“运筹帷幄之中，决胜市场之上”。

如果一个管理者目光短浅、急功近利，那么他往往自觉不自觉地会“捞一把”。这样的管理者缺少应有的信用意识和品牌观念，他所管理的组织也就不可能获得长远发展。现在很多企业组织为什么活不好、长不大、命不长，一个非常重要的原因就是企业管理者缺少着眼未来的长远经营意识，常常为了眼前的蝇头小利，损害企业的信誉。而着眼未来的企业家，他们的着眼点不是一时一地的得失，而是企业的长远发展，因而往往把诚信作为经商之本，努力打造百年品牌。

面对不断变化的市场，必须经常地去思考未来、经营未来，以未来为导向把焦点对准。只有这样，你才能成为竞争的大赢家。

建立学习型组织

品卑由于无志，无志由于识低。

——（清）申居郧《西岩赘语》

一个团体落后的根源在于团体中人的落后，人落后的根源在于无知。学习可以立身兴业，学习可以给人以机遇，学习可以解决本领匮乏，学习可以使人变得重要，学习可以塑造完善的人格，学习可以锻炼人的意志，学习可以增强自信，学习可以防止庸俗化，学习可以知道自己的不足……学习是管理者必需养成的一种习惯。

才气，是管理者称职的必要条件。有才气的管理者，博学多识，明察善断，善于把握全局，推动工作；而才气平平的管理者，往往孤陋寡闻，优柔寡断，没有魄力，难负众望。但才气不是天上掉下来的，没有捷径可走，是勤读书、多学习、广历练、常思考的结果。特别是读书学习，是才气的最重要来源。

一个亘古不变的事实是，我们的世界处在一个不断变化的过程中。经济或商业行为从人类诞生的那一刻就开始了，我们称为“生产活动”。古代军事斗争、政治改革无不是围绕着经济利益展开的。因此，从历史的变革中，我们可以窥测商业经营与管理的真谛。

战国中后期，各个诸侯国之间的兼并战争愈演愈烈，这让赵武灵王焦虑万分。当时，赵国的服饰还是长袖大袍，严重影响了作战效果。于是，他决定实施变革，效法胡人短衣窄袖的穿着，学习胡人骑马射箭的作战技巧。克服重重阻力后，赵武灵王坚定地推行“胡服骑射”

的战略变革。从此，中国由战车时代进入骑战时代，而赵国的生产力水平也得到极大提升，依靠强大的军事与经济实力，很快扩大了国土面积。

历史发展依靠的是以先进生产力取代落后生产方式，也就是西方世界崇尚的“弱肉强食”逻辑。作为生产力集中表现的商业，其经营与管理必须顺应这一规律，否则逆潮流而动，势必功败垂成。

既然变革不可避免，那么现代商业经营的根本制胜之道就是建立学习型组织，把握商业世界发展方向，方能有所作为。孔子在《论语》中说：“学而时习之，不亦乐乎？”人们需要不断学习新知识，了解新情况，这样就可以有作为，快乐地生活。

20 世纪 70 年代，美国以军事科技革命带动国家生产力发展，并将军事技术应用于经济生活，催生了网络信息等新科技变革，进而引起了商业管理理念的变革，使美国重新站立在时代发展的潮头。变革的周期日益缩短，使得商业竞争日趋激烈，由此，经济组织的学习能力成为影响成败的关键点。

在这种背景下，“学习型组织”成为应对变革挑战的有效管理工具。员工的培训和学习得到前所未有的重视，个体的价值与自我实现成为可能。

今天，重温孔子对“学习”的论述，对我们理解这场时代变革是大有裨益的。孔夫子的“学习”是针对所有人而言的，无论是组织管理者，还是普通员工，都要有一种学习的意识，掌握学习的本领。作为组织管理者，你是否像赵武灵王那样能洞察行业发展先机，进而排除万难打造一支崇尚学习的团队，开始变革？

拿破仑曾经说，不想当将军的士兵不是好士兵。管理者要激发员工的学习热情，使他们努力学习新知识，解决新问题。而管理者也要有建功立业的愿望，善于学习，勇于变革。

1970 年名列《财富》杂志“500 强”的企业，已有三分之一销声匿迹了，即使在中国，每分钟都有 10 家公司破产。这或许可以用“优胜劣汰，适者生存”的逻辑来解释。

不善于学习和变革，不适应外部环境的变化，没有建立学习型组织，通常是这些企业失败的根本原因。因此，建立学习型组织，比竞争对手学习得更快，行动更迅速，才能提高企业生命力。

正如彼得·德鲁克所说：“知识生产力已经成为企业生产力、竞争力和经济成就的关键。知识已经成为首要产业，这种产业为经济提供必要的和重要的生产资源。”因此，学习、学习、再学习，成为组织领导与管理的主题，任何忽略组织学习的企业都将会丧失商业良机。